心理成长枕边书

焕斌
编著

中国纺织出版社有限公司

内 容 提 要

每个女人都渴望拥有一个幸福完美的人生，然而真正能够过好一生的女人却很少。或许是因为你不够了解自己，或许是因为你不够了解世界，又或许你只是欠缺一本能够给予你生活指引和人生参考的书。

本书从情绪、婚恋、职场、生活、心理等方面给予女人精确的指导，让女人能够更客观地认知自身现状，指导女人站在更聪明的角度去分析问题、解决问题，帮助女性朋友摆脱生活琐碎事物的烦恼，从而走向阳光璀璨的未来。

图书在版编目（CIP）数据

心理成长枕边书／焕斌编著.—北京：中国纺织出版社有限公司，2019.11（2024.4重印）
ISBN 978-7-5180-6247-8

Ⅰ.①心…　Ⅱ.①焕…　Ⅲ.①青春期—心理健康—健康教育　Ⅳ.①G444

中国版本图书馆CIP数据核字（2019）第096571号

责任编辑：李　杨　　责任校对：寇晨晨　　责任印制：储志伟

中国纺织出版社有限公司出版发行
地址：北京市朝阳区百子湾东里A407号楼　邮政编码：100124
销售电话：010—67004422　传真：010—87155801
http://www.c-textilep.com
中国纺织出版社天猫旗舰店
官方微博http：//weibo.com/2119887771
北京兰星球彩色印刷有限公司印刷　各地新华书店经销
2019年11月第1版　2024年4月第2次印刷
开本：710×1000　1/16　印张：13
字数：172千字　定价：65.00元

序言

每个女人都追求幸福的生活，有的女人觉得幸福就是找个好老公，有人宠，有人疼；有的女人觉得幸福就是拥有足够的金钱，想要什么就能得到什么；也有的女人觉得幸福就是全家人平安快乐地一起生活……的确，得到这些东西的女人可以幸福，然而这样看来似乎女人的幸福都是靠别人给予的。女人，为什么总是把自己的幸福寄托在别人身上呢？

哲人说，一个人对美好和幸福的认识不在于外界的变化，而在于自己内心的感受。一个可以得到幸福的女人无论从心理上还是精神上必然是独立的，这样的女人经常审视自己的性格和内心，有任何情绪波动时都会进行自我调节；她们不仅可以在激烈的竞争中稳稳地立足于职场，对于爱情、婚姻和家庭的经营也得心应手；或许你会觉得她们幸运，或许你会羡慕她们的智慧，然而她们这种幸福和超人的智慧并不是天赋异秉，而是在于她们有一个健康的心理；她们了解自己的内心，并且循着心理学的指点一步一步打开了生活的郁结、创造着人生的幸福。其实，这些真的不难，每个女人都可以做到。

女人要明白，人生的幸福在自己的手上、心上，是自己给予自己的。

你想做一个幸福的女人吗？那你首先要独立，要有自己的工作和

事业，即使不依靠任何人，你也能够活得舒服、自在。追寻幸福的女人不妨来看看本书，它会告诉你女人的心理弱点、心理优势，影响女人情绪、生活、工作、家庭的心理定律、心理效应，在潜移默化中操控女人行动的心理暗示，等等，并且循序渐进地教会你分析自己和他人的心理，把握情绪，引导思维，用更具实际意义的心理技巧面对每天都在改变的世界。

你是否羡慕过别人家庭的美满，嫉妒过朋友爱情的甜蜜？其实这些你也可以拥有。翻一翻本书，你会发现，从前你并不了解自己，真正被幸福包围的女人并非只是在接受别人的爱，她们会用最真挚的心去关怀家人、帮助朋友、信赖同事；她们不仅了解自己的心理，更懂得体会他人的心理，这样善解人意的女人怎能过得不幸福呢？如果你也想尽快改变自己，做一个拥有这种幸福的女人，那么来看一看本书吧。

做一个幸福的女人，要学习、要了解、要注意的事情还有很多，“活到老，学到老”的古训对追求幸福的女人来说再适合不过了。人心是复杂的，而人们总是用“女人心、海底针”这样的谚语来形容女人心理的变化和难以捉摸，如果你是女人，你需要了解女人；如果你是男人，你想了解女人，那么读这本书是你了解女人心理的最快途径。

一个女人获得幸福的方式多种多样，不过如果你能够了解一些心理学方面的知识，相信你在进一步了解自己的同时也能够更好地和恋人、丈夫或者孩子相处。女人的心理是一部博大精深的书，你可以从中找到女人纵横职场的有力武器，可以帮助孩子健康自信地成长，可以使自己

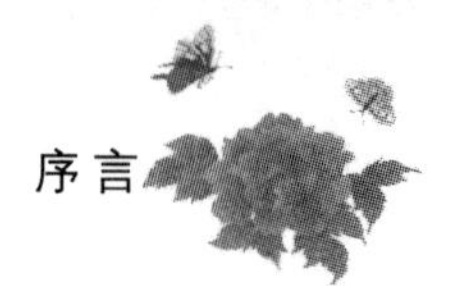

的生活更加有滋有味，也可以全面地认识自己的缺点，提升自己立足社会的能力……

幸福的女人应该像一口井，她会让男人需要她井中的水，却不知水有多深；让自己怀有更多知识的资本而游刃有余地处事。希望每个女人都能在心理学的海洋里尽情滋润，从而看透生活、读懂人心、善待自己。

编著者

2018年8月5日

目录

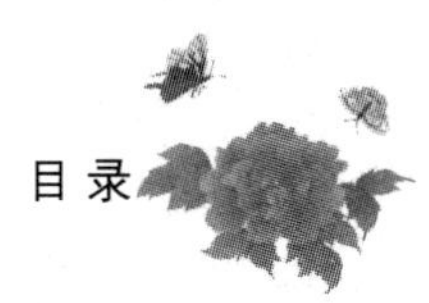

第一章

情绪心理调试：拥有好心情，做幸福女人

女人的情绪犹如天上的云，千变万化。情绪对女人生活的影响几乎可以用“心情决定一切”来形容。有了好心情，女人才能吐出如兰妙语，绽出如花笑靥；有了好心情，女人的眼中才能出现一个美好、芬芳的世界！有了好心情，女人才会变得更加自信、有魅力！

先处理好心情，才能处理好事情

女人是自然界中情感最为丰富的动物。她们在做事之前，都会受到情绪的干扰，不管这种情绪是积极的还是消极的。女人百分之百是情绪化的，即使某个女人口称自己很理性，其实当她很有“理性”地思考问题的时候，也会受到当时情绪状态的影响，“理性地思考”本身也是一种情绪状态。

有人这么解释女人情绪化的表现：要么控制自己的情绪，要么被自己的情绪控制，但后者被称为失控！

在生活中，不如意之事十有八九，女人的心事过重，经常遇到种种不如意的事情，有的女人会因此大动肝火，结果把事情搞得越来越糟。而有的女人则能很好地控制住自己的情绪，泰然自若地面对各种刁难，在生活中立于不败之地。

心理学家说，女人往往被情绪左右思考能力，在情绪的干扰下，思考容易偏激或受到限制，不利于原本就感性的女人做出正确的判断。

心理学家提醒那些容易情绪化的女人，要想更好地适应社会，获得经济上的独立和保障尊严，就必须学会调动自己的情绪，理智客观地处理所有问题。能调动情绪的女人生活更有滋味，更易获得满足，更能运

用自己的智能获取丰硕的成果。反之，不能驾驭自己情绪的女人，内心激烈的冲突削弱了她们本应集中于工作的实际能力和思考能力。

心理学上讲心情决定事情，虽然有些绝对，但却很好地说明了心情在为人处世中的作用。心理学家劝诫那些情绪容易受外界干扰的女人，应先处理好心情，再投入精力，处理事情。人的每一个决定和行为，都或多或少地受到情绪的影响。无论是对学习还是对社会适应能力来说，情绪都扮演着非常重要的角色。能够稳定情绪、沉着处事的女人，更容易取得想要的结果。

学会控制自己的情绪对于每个女人而言都是相当重要的，它是我们在社会打拼的前提，也能体现了女人端庄、静雅的特质，更是女人身心健康的保证。

女人天生比男人更有亲和力，她的一颦一笑、一言一语，在优美的姿态和亲和的语气的妆点下，如沐春风般渗透人心。女人处在良好情绪的状态下时，会由内而外地散发独特的气质。

情绪可以看作女人命运的主宰。情绪好的女人犹如美丽的天使，带给所有的人欢笑与掌声。如果把女人比作天上飞的风筝，那么情绪就是拴在风筝上的那根线。掌控好情绪这根线，女人这只风筝就会好风凭借力，在人生的天空中高飞，在人们的视野中展现最迷人的风姿。

控制情绪，做自己命运的主宰者

生活中的女人扮演着诸多的角色，如女儿、媳妇、母亲、职工等，处于复杂多变的环境中，每个女人都会受到情绪的影响。心理学家说，情绪是指伴随着认知和意识过程产生的对外界事物的态度，是对客观事物和主体需求之间关系的反映，是以个体的愿望和需要为中介的一种心理活动。喜怒哀乐是人之常情，想让自己生活中不出现一点烦心之事几乎是不可能的，但情绪化的表现太强，情绪波动较大，受情绪的愚弄，被情绪牵着走，让情绪主导自己的心理和生活，却是不可取的。

心理学家分析说，女人的情绪化比男人表现得更为明显，情绪化的女人很容易受外界的影响，缺乏主见。一个女人情绪化的表现无疑就把自己的内心世界袒露出来，让别人从你的脸部表情轻易看透你的心思。情绪化的女人在男人看来无知肤浅，甚至缺乏教养，她们对自己的生活都料理不好，更不用谈如何去做好工作和照顾家庭了。

生活中的大多数女人都有过受累于情绪的经历，似乎烦恼、压抑、失落甚至痛苦总是接二连三地袭来。有些女人频频抱怨生活对自己不公平，用情绪化的反应来表达内心的感受。这样做的结果只能是越来越糟。

心理学家说，善于控制情绪是女人有涵养的表现，将喜怒哀乐深埋在心里，不要轻易流露自己的感情。遇到高兴的事情不要狂笑不止；遇到悲伤之事，不要骤然哭泣。在平时保有平和的心态，处事不惊。学会掩饰感情的女人，才不至于让人轻易识破你的心思，不会被情绪出卖自

己的想法。

一天，著名专栏作家朱莉和朋友在报摊上买报纸，朋友礼貌地对报贩说了声“谢谢”，但报贩却冷口冷脸，没发一言。“这家伙态度很差，是不是？”他们继续前行时，朱莉问道。“他每天晚上都是这样的。”朋友说。“那么你为什么还是对他那么客气？”朱莉问她。朋友答道：“为什么我要让他影响我的情绪和决定我的行为？与他计较除了会使自己不愉快之外，没有任何意义！”

善于控制情绪是女人有涵养的表现，许多女人都懂得要做情绪的主人这个道理，但遇到具体问题时，仍是情绪化表现严重。

马辛利任美国总统时，一项人事调动遭到许多政客的反对。在接受代表询问时，一位国会议员脾气暴躁，粗声恶气，开口就给马辛利一顿难堪的讥骂。但马辛利却视若无睹，不吭一声，任凭他骂得声嘶力竭，然后才用极委婉的口气说：“你现在怒气应该平和了吧？照理你是没有权利这样责问我的，但现在我仍愿意详细解释给你听……”

这几句话把那位议员说得羞愧万分，其实不等马辛利总统解释，那位议员已被他折服了。也许你以为马辛利总统是个“没有脾气的人”，恰恰相反，他是个脾气极大的人，只是他有一股比脾气更大的自制力，能将脾气暂时压住。

对情绪的控制就如对命运的掌控一样，对于很多女人来说无从下手，只能听之任之。殊不知，人生苦短，青春易逝，还有很多有意义的事情等着我们去做，没必要对自己不喜欢的话去一一回击。聪明的女人不会和那些无理取闹的人针锋相对，顺着脾气的梯子往高爬，她们知道，爬得越高，最后摔下来时就越惨。

洛克菲勒曾有一件很有趣的轶事：

有一位不速之客突然闯入他的办公室，直奔他的写字台，并以拳头猛击台面，大发雷霆：“洛克菲勒，我恨你！我有绝对的理由恨你！”接着那暴客恣意谩骂他达10分钟之久。办公室所有职员都感到无比气愤，以为洛克菲勒一定会拾起墨水瓶向他掷去，或是吩咐保安员将他赶出去。然而，出乎意料的是，洛克菲勒并没有这样做。他停下手中的活，用和善的神色注视着这位暴客，那人越暴躁，他便显得越和善！

那位暴客被弄得莫名其妙，他渐渐地平息下来。因为一个人发怒时，遭不到反击，他是坚持不了多久的。于是，他咽了一口气。他是做好了来此与洛克菲勒做斗争的准备，并想好了洛克菲勒将要怎样回击他，他再用想好的话语去反驳。但是，洛克菲勒就是不开口，所以他不知如何是好了。

末了，他又在洛克菲勒的桌子上敲了几下，仍然得不到回应，只得索然无味地离去。洛克菲勒呢？他就像根本没发生过任何事一样，重新拿起笔，继续他的工作。

不理睬他人对自己的无礼攻击，便是给他最严厉的迎头痛击！社会上的女强人之所以每战必胜，就是因为当对手急不可耐时，她们依然故我，冷静与沉着地处理事情。

心理课堂

心理学家分析说，女人情绪化反应更为激烈，更容易被情绪困扰而难以自拔。当情绪低落时，做什么事都感觉百无聊赖，当情绪高涨时，她会感觉脚下生风，干劲十足，每次行动都令人振奋，在做完某件工作后似乎就想对世界高歌，宣泄内心的情感。能驾驭自己的情绪，才能真正驾驭自己。

女人面对工作、生活、婚姻、家庭，面对纷乱繁杂的事务和家务，如此情绪化只会让自己疲惫不堪。只有摆正心态，驾驭情绪，才能真正驾驭自己，才能对身体健康和事业发展给予帮助。

别让坏情绪破坏你的美

女人是感性动物，是世界上情感最丰富的人，而女人的情绪化也是出了名的严重，往往因为一些莫名的小事就搞得自己心情不好。但是你有没有想过，你心情不好的时候可能会乱发脾气，做出一些伤害别人的事，这不仅影响你和对方之间的关系，也会失去已经拥有的快乐。

有一个女孩，她很容易因为一些小事而情绪波动，生气和发脾气也是常事。虽然她心地善良、待人真诚，但易生气的毛病，使她失去了很多好朋友。她为此也很是苦恼。

这一天，父亲给了她一袋钉子，并且告诉她，每当她情绪不好的时

候就钉一根钉子在后院的围栏上。第一天，这个女孩钉下了37根钉子。慢慢地，每天钉下的钉子数量减少了，她发现控制自己的情绪要比钉下那些钉子容易。终于有一天，这个女孩没有失去耐性、乱发脾气，她告诉了父亲。父亲又说，从现在开始，每当她能控制自己情绪的时候就拔出一根钉子。一天天过去了，最后女孩告诉父亲，她终于把所有钉子都拔出来了。

父亲拉着她的手，来到后院说："你做得很好，我的好孩子，但是看看这些围栏上的洞，这些围栏将永远不能恢复到从前的样子了。你生气的时候说的话，就像这些钉子洞一样留下疤痕。每当你和朋友吵架，说了些难听的话后，你就在他们心里留下了伤口，像那个钉子洞一样。插一把刀子在人家心里，再拔出来，伤口就难以愈合了。无论你怎么道歉，伤口总在那儿。要知道，心灵上的伤口比身体上的伤口更加难以恢复。"

这个女孩在听了父亲的教诲后，很少乱发脾气了，因此，她身边的好朋友也随之多了起来。

心理学家说，女人往往很容易被情绪左右思考能力，在情绪的干扰下，思考产生偏激或受到限制，不利于原本就感性的人做出正确的判断。一个处于失控状态的人，很容易被情感左右而做出激烈的、有破坏性的动作或者说出让人心情低落的话来。

因此当你发脾气、生气时，你周围的人也会跟着你紧张和情绪低落，这种负面情绪的影响和扩散就像漏了的煤气一样，很快会充满整个房间，充斥于你的周围。而一旦你把这种情绪爆发出来，可想而知，它

的后果会有多么糟糕。被怒气冲昏头脑的人，即使平时多么善良和会说话，此时也难免说出一些伤透人心的难听的话来。而这些话就像钉子一样刺进和你争吵的人的心中。当你事后反省过来，真诚地向他道歉时，虽然他能够原谅你，但这道伤疤会永远留在他的心里。

古人总是说“三思而后行”，就是告诉我们做事不能只凭自己的一时冲动，要考虑到后果。作为一个女人，每天接触的人无非是家人、朋友和同事，这些都是和你的生活息息相关的人，如果因为自己的坏情绪而向他们发脾气，不但会使自己失去一个生活伙伴，也会让周围的人对你感到失望。人与人之间的感情是相互的，只有你顾虑到别人的处境和感受，别人才能从心底真正地喜欢你、认可你。

女人的情绪化让她们感性，女人的小脾气让她们可爱，偶尔的感性和可爱是对平淡生活的一种调剂。然而任何事情过度了就会变成灾难，女人应时常注意自己的行为和态度，不要因为自己的反复无常而给他人造成困扰；世界上大部分的女人都是善良的，只是如果能更好地控制自己的情绪和脾气，你会变得更有魅力，你的生活也会快乐而美好！

心理课堂

心理学家认为，使情绪发生变化的原因，有外因和内因，外因如学习、工作、生活中遇到的各种高兴或不愉快的事情，但主要是内因，即情绪变化主要取决于本人对事情的认识和所持的态度。同一件事，从不同角度去认识和采取不同的态度，产生的情绪会完全不同。例如，一

位母亲有两个女儿，大女儿卖鞋，小女儿卖伞。天阴下雨时，这位母亲发愁大女儿的鞋卖不掉；天晴时，这位母亲发愁小女儿的伞卖不掉，整天发愁。后来，有人告诉她，天阴下雨时，她小女儿的伞很好卖；而天晴时，她大女儿的鞋很好卖，从此，天阴、天晴这位母亲都很高兴。可见，同一件事从不同角度看，会有不同的结果。

别让愤怒控制你

愤怒是情绪中可怕的暴君，愤怒行为会伤害他人，也会伤害自己。培根说：“愤怒，就像地雷，碰到任何东西都一同毁灭。”如果你不注意培养自己忍耐、心平气和的性情，一碰到“导火线”就暴跳如雷、情绪失控，即便你有再好的人缘，也会因此全部被“炸”掉。

心理学家认为，愤怒是一种不良情绪，是消极的心境，它会使人闷闷不乐、低沉阴郁，进而阻碍情感交流，导致内疚与沮丧。有关医学资料认为，愤怒会导致高血压、胃溃疡、失眠等。据统计，情绪低落、容易生气的人，患癌症和神经衰弱的可能性要比正常人大。和病毒一样，愤怒是人体中的一种心理病毒，会使人重病缠身，一蹶不振。可见愤怒对人的身心有百害而无一利。

人在愤怒时千万要注意两点：第一，不可恶语伤人，这不同于一般的对事情发牢骚，会给别人造成深刻的伤害；第二，不可因愤怒而轻泄他人的隐秘，这会使你不再被信任。总之，无论在情绪上怎样愤怒，在

行动上也千万不能做出不可挽回的事来。人在受伤害后最好的制怒之术是等待时机、克制忍耐，把复仇的希望寄托于将来。

有一天，国王到森林中去打猎，许多文官武将跟随其后。国王的手腕上站着一只强悍威武的老鹰，只要国王一声令下，它就会飞向云端，四处寻找猎物。

这天，国王的运气并不好，他与大家走散了，天气又很热，国王觉得十分口渴。终于，国王发现有一些水沿着一块岩石边缘滴流下来。

国王从马背上跳了下来，从袋子里取出一个小银杯，拿去盛接那慢慢滴落下来的水滴。国王花了很长时间才将杯子装满，他迫不及待地把嘴凑到杯边。就在这个时候，突然天空中传来呼呼的声音，接着他的杯子就被打翻了。国王抬头一看，原来是他养的老鹰。

国王捡起杯子，又继续接落下的水滴。就在杯内的水才半满的时候，他就把杯子举到嘴边。但是，在杯子碰到他的嘴唇之前，那只老鹰再一次打翻了杯子。这下子，国王真生气了。

他大声吼叫着："如果你再来，我就把你的脖子砍断！"

然后，他又拿杯子接水。但是，在他预备喝水时，老鹰又冲下来。愤怒的国王拔出剑刺中了它，可怜的老鹰倒在了血泊中，国王的杯子掉进了岩缝中。

国王只好继续向前走，他想找到水的源头。后来，他终于找到了一个积水的池塘，在水池里发现一条死去的巨大的毒蛇。他顿时明白了，哭喊道："我的老鹰救了我，它是我的朋友，而我竟然把它杀掉了。"

他又艰难地回去，找到老鹰的尸体，把它厚葬了。从此以后，当他

再发怒时，就告诫自己：永远别在盛怒下做事。

我们对人所造成的伤害，再多的弥补往往也无济于事，宁可事前小心，而不要事后悔恨。所以在生气的时候，不管怎样都要留下退一步的余地，以免做出无法挽回的事情来。

在现实生活中，有人只顾一时的口舌之快，有意无意地对他人造成了伤害，殊不知这些伤害就像钉孔一样，也许永远都无法弥补。

研究表明，失去控制、大发雷霆的人，通常都经历了情绪累积的过程。每一个拒绝、侮辱或无礼的举止，都会给人遗留下激发愤怒的残留物。这些残留物不断地积淀，急躁状态会不断上升，直到失去“最后一根稻草”，个人对情绪的控制完全丧失，出现勃然大怒为止。所以制怒的最好方法不是压抑自己的怒气，而是进行恰当的疏导。

心理学家说，生气是非常伤身体的。事实上，一个人生气，不但令对方伤心，自己也受亏损，据说发一次脾气比工作一个星期更累人。有一本灵修书籍上说：“一个人若常在家里发脾气，必然弄得家人内心痛苦不安；一个人若在教会里随意发脾气，对弟兄姊妹所造成的伤害，久久无法抚平。”所以我们应当培养自己的忍耐，不轻易发怒。

如果你是一个脾气很暴躁的人，也不要过于担心，只要适当忍耐，延迟发脾气的时间，慢慢地你就会发现自己可以自如地控制脾气了。容易被激怒的人不仅可能会因为发脾气而失去朋友，也可能会被别人利用脾气暴躁的弱点。当我们怒火中烧时，最好的方式是守口如瓶，并尽量抑制我们的愤怒，勿使形之于外。生气就像一把火，如果没有氧气助燃，它很快就会熄灭。

如果你平时生气了，就出去参加一次剧烈的运动，或者看一场电影娱乐一下，出去散散步，都是缓解怒气不错的方法。

人在情绪极度激动之时，尤其是愤怒的时候做出来的决定往往不太理智，事后往往追悔莫及，却为时已晚。遇事最重要的品质就是冷静的头脑，冷静处事，任何时候都是有百益而无一害。记住，永远不要在盛怒下做任何事情。

懂得宣泄，是一种智慧

也许是上天在造人的时候就有意地让女人多愁善感，不仅让女人每一个感官都敏感得心细如发，就是那表达情绪的天资也比男人发达得多，让女人在表达情感时总是那么酣畅淋漓、尽善尽美。

其实，女人之所以是表达情绪的高手，是因为女人的情绪天生就比别人丰富。情绪，就像女人生命的主宰。情绪好的女人像天使，带给所有的人欢笑与掌声。

然而丰富的情感往往使多数女人情绪起伏不定，负面情绪占据内心的时间越来越长，也会让人越来越压抑和不快乐。

有些心理医生会帮助患者压抑情感，忽略情绪问题，借此暂时解除患者的心理压力，患者便对负面能量产生一定的控制力，所有的情绪问

题似乎迎刃而解了。压抑情绪或许可以暂时解决问题，但是等于逐渐关闭了心门，变得越来越不敏感。虽然你不会再受到负面能量的影响，却逐渐失去了真实的自我。你变得越来越理智，越来越不关心别人。或许你可以暂时压抑情绪，但在不知不觉中，压抑的情绪终将反过来影响你的生活。

面对情绪问题时，有些心理医生的建议是：如果有人伤害了你，你必须回忆整个过程，不断描述其中的细节，直到这件事不再影响你为止。这样的心理治疗方式只会让感情变得麻木。你似乎学会了压抑痛苦，但是伤口仍然存在，你仍会觉得隐隐作痛。另外有些心理医生则会分析患者的情绪问题，然后鼓励患者告诉自己，生气是不值得的，以此否定所有的负面情绪。这些做法都不十分明智。虽然通过自我对话来处理问题并没有什么不对，但我们不该一味强化理性，压抑感情。总有一天，你会发现，你已背负了沉重的心理负担。

女人遇到问题时要讲道理，不要动不动就闹情绪、发脾气。如果实在无法控制自己的情绪，不妨用一些无伤自己与他人的方法来解决。

聪明的人完全能够定期排除负面能量，而不是依靠压抑情感来解决情绪问题。敏感的心是实现梦想的重要动力，学会排除负面情绪，这些情绪就不会再困扰你，你也不必麻痹自己的情感。

如果你生性敏感，当你学会如何排除负面能量后，这些累积多时的负面情绪就会逐渐消失。此外，你还必须积极策划每一天，以积蓄力量，尽情追求梦想，这是你最好的选择。

生活中，大概谁都会产生这样或那样的不良情绪。任何不良情绪一经产生，就一定会寻找发泄的渠道，当它受到外部压制，不能自由地宣泄时，就会在体内发泄，危害自己的心理和精神。每个女人都难免受到各种不良情绪的刺激和伤害。但是，善于控制和调节情绪的人，能够在不良情绪产生时及时消释和克服它，从而最大限度地减轻不良情绪的影响。因此，最好能找到一种不会危害到别人的适合你的发泄方法，给坏情绪找个出口。

给坏情绪来个大扫除

女人一生中难免会遇到不顺心的事，如不能宽容待之，一时情绪激动，甚至暴跳如雷，大发脾气，则会严重危害自身健康。心理学家研究表明，情绪对女人的能量消耗特别大，很多癌症患者就是因为长期积累的怨恨、压抑情绪得不到发泄，才身患绝症的。

作为感情丰富、情绪起伏较大的女人，更应该加倍注意爱护自己，不要轻易激动、发怒。俗话说“笑一笑，十年少”，只有经常保持快乐的心情，才能越活越年轻。

美国一些心理学家做了一项实验，他们把生气人的血液中含的物质注射在小老鼠身上，以观察其反应。初期这些小老鼠表现呆滞，胃口

尽失，整天不思饮食，数日后，小老鼠就默默地死去了。美国生理学家爱尔马也做过实验，他收集了人们在不同情况下的“汽水”，即把有悲痛、悔恨、生气和心平气和时呼出的“汽水”做对比实验。结果又一次证实，生气对人体危害极大。他把心平气和时呼出的“汽水”放入有关化验水中沉淀后，则无杂无色、清澈透明，悲痛时呼出的“汽水”沉淀后呈白色，悔恨时呼出的“汽水”沉淀后则为蛋白色，而生气时呼出的“生气水”沉淀后为紫色。把“生气水”注射在大白鼠身上，几分钟后，大白鼠死了。由此，爱尔马分析：人生气(10分钟)会耗费大量精力，其程度不亚于参加一次3000米赛跑；生气时的生理反应十分剧烈，分泌物比任何情绪都复杂，都更具毒性。

因此，动辄生气的人很难健康、长寿，很多人其实是“气死的”。由此可知，一个人大发脾气或生闷气时会让人体生理上产生一系列变化和反应，致使人体各部损伤，甚至危及生命。

同样地，在日常生活中，女人心思细腻、比较敏感，所以牵挂的太多，在意的太多，情绪更容易起伏无常。在你生气之前，是不是应该仔细想一想，为这件事发脾气或者影响自己的心情到底值不值得呢？

快乐、宽容、坚韧、恬静、感激、自信、勇敢是我们克服情绪低落、战胜困难的法宝，我们必须学会在逆境中寻找力量，并牢记就算是生气也无济于事，不如在动摇中培育信心，把握好航向。就像有人曾经说的一句话：“心理的健康就像一道菜，酸、甜、苦、辣、咸，全由自己来调适。”让我们用平和的心态去对待每一件事，用“最本质的心情”去思考我们的行为，用快乐装满我们的生活！

快乐就像缓缓流淌的小溪，可以永远延续下去，而坏情绪就像是污泥或者石子，不但会把清澈的溪水弄浑浊，还会减缓流水的速度。坏情绪多了，溪水可能会停止流淌，也可能会变成污浊的臭水沟，完全失去它本来的美丽。因此，当你因小事而生气的时候，学会换一种心情，让自己开心地生活，于人于己都有益处。

面对咆哮，不妨让自己暂时"失聪"

俗话说，闭门家中坐，祸从天上来。多数情况下，女人的坏脾气不是自动爆发的，不是你想生气，而是别人无缘无故地招惹你，使你心烦意乱，甚至大发雷霆。在这种情况下动怒，极为常见。

例如，周末时，跟闺中密友逛街吃饭，回忆学生时代的美好时光，本来惬意无比，但一次无意碰撞，别人对你大声咆哮，满是埋怨，即使你一再告诉自己不要在意他说什么，甚至不跟他计较，但你内心的平静和良好的情绪不免付之一炬，这一天都会因为这件事情而耿耿于怀。

心理学家说，面对别人对你的指责、咆哮、叫嚣，如果你无法做情绪的主人，在某些时候，你最好学会做个聋子。

一天，一位德高望重的法师吃完午饭，正要开门出来，不料，迎面撞进一位身材肥胖的妇女，说时迟，那时快，只听得"砰"的一声，刚

巧撞在法师的眼镜上，眼镜戳青了他的眼皮，然后跌在地上，镜片摔得粉碎。

此时那位肥胖的妇女毫无愧疚之色，反而理直气壮地说："你出门怎么不注意点，还戴眼镜！"

法师此时心想：世间法多由因缘合和而生，有善缘，亦有恶缘，解决恶缘之道，唯以慈悲待之，因此便以豁达的心胸来接受这个事实。

肥胖的妇女见法师以微笑慈容回报她的无理，颇觉讶异地问："喂！和尚，为什么不生气？"

法师说："为什么一定要生气呢？生气既不能使破碎的眼镜复原，又不能使脸上的瘀青立刻消失、苦痛解除。再说，生气只会扩大事情，如果我生气，对您破口大骂，或是打斗动粗，必定造下更多的恶缘，甚至伤害了身体，仍不能把事情化解。以世间因缘果报来看这件事情，我早一分钟，或迟一分钟开门，都可以避免相撞，而我们却撞在一起，或许这么一撞化解了我们过去的一段恶缘，因此，我不但不生气，反而还要感谢您助我消除业障呢！"

肥胖的妇女听后十分感动，她问了许多佛法和法师的称号，然后若有所悟地离去。

这位法师道行深厚，在被人欺负的情况下仍然心平气和，面对别人的咆哮依然不动生色，平凡人恐怕没有几个能够做到。

人与人之间相处，当矛盾当头时，往往以嗔恚、愤怒相向，殊不知"生气是不能解决问题的"。法师以豁达的心接受横逆，不但化解一段恶缘，并且点醒了妇人，令她知道忏悔。

易发脾气是很多女人自己都莫名其妙的事情，心情烦躁、情绪不宁在她们的生活中是常有的事情。当被人招惹，脾气上来时，沸腾的血液在女人狂热的大脑中奔涌时，控制自己的情绪是多么困难的事。但女人更要清楚，让情绪左右你的情感和生活，让自己成为情绪的奴隶是多么的危险和可悲。你的工作、爱情、亲情等也有可能由此陷入尴尬的境地。

对于女人来说，在别人对你咆哮时，有五种处理升腾起来的怒气的方法：一是把怒气压到心里，生闷气；二是把怒气发到自己身上，进行自我惩罚；三是无意识地报复发泄；四是发脾气，用很强烈的形式发泄怒气；五是转移注意力以此抵消怒气。其中，转移注意力是最积极的处理方法。当怒火中烧时，你最好先“三十六计走为上策”，迅速离开使你发怒的场合，做些能使自己高兴的事情，如逛街、吃小吃、听音乐等，让情绪渐渐地平静下来。我们经常有这样的体验，很多时候，过后一想，根本就没有那么糟糕，自己的怒气是多么的小题大做。

对于很多女性来说，怒气冲上心头，特别是面对别人的欺负、挑衅时产生的愤怒是很难控制的。但我们仍要切记，忍字头上一把刀！在想发脾气的时候飞快在心里给自己按下“暂停键”，在脑子里过一下发脾气后的自己要承担的后果和是否会后悔，然后再决定怎么做。

在日常生活中应尽量避免生气，用宽大的心胸去容忍别人的错误，

在提升自身修养的同时，对自己的心情和面容也是天然的滋养。

别让自己被困在悔恨情绪的陷阱里

每个女人，都有属于自己的情绪体验，不同的事情、不同的情况会产生完全不同的心情。然而面对繁重的工作和生活压力，负面情绪总是很轻易地占据我们的脑海，一旦情绪失控，我们的工作和生活都会受到影响。所以身在职场的女人，更要学会控制和梳理自己情绪的方法，对待各种不同的情绪每个女人都有自己的方式，但是无论何种方式都要遵循一个原则：通过正当的方式进行发泄和疏导，一定不能为了发泄情绪而做出伤害他人和自己的事情。

可能很多女人都有过这样的体验：自己刚说出口的某句话，忽然就后悔了，尤其是当对别人做出评价的时候，既想说出自己的真实感受，又不想伤害别人，真是进退两难啊。但是偏偏很多时候自己没想那么多，这话自己就出来了，又或者很多话只有说出来才让人意识到它的威力。的确，人都是冲动的，人的本性我们不能改变，但是在说出每一句话，做出每一件事之前，我们可以试着控制自己的情绪。因此，千万不能应了“早知今日，何必当初”的悔恨的话，世界上没有卖后悔药的，相信控制自己比牺牲更多去挽回损失要容易得多。

根据心理学家研究，女人的每一个决定和行为，都或多或少地受到情绪的影响。无论是对学习还是对社会适应能力，情绪都扮演着非常重

要的角色。正所谓“心情决定事情”，做不了情绪的主人，就要被情绪左右。为了更好地适应社会，每个人都应该学会调动自己的情绪，理智客观地处理所有问题，不让自己陷入一再悔恨的旋涡中。

心理课堂

美国作家大卫·雷诺兹在他的书中曾经提到这样的“情绪法则”

（1）情绪不能直接被意愿所控制。也就是说，你无法让自己感受到任何情绪。不过，你可以通过各种途径，去间接地影响自己的情绪……情绪是不可控制的。

（2）必须顺乎自然地去认识情绪、接受情绪。处理情绪的最佳策略，便是先接受它们，并看自己能从中学到些什么。有时，情绪本身会给我们一些暗示，暗示我们需要干些什么。

（3）无论情绪本身如何令人不愉快，每一种情绪都有不同的用途。所要记住的是，即便在最令人不快的情绪中，也潜藏着变好的可能。而对这种可能，我们应加以利用。认识到所有情绪都有好的一面，我们就会对各种各样的情绪加以珍惜。这样一来，我们就再也不必白费精力去摆脱那些“不受欢迎”的情绪，而应该从中学会某些东西。

（4）无论何种情绪，只要不被重新刺激，它就会随时间而消逝。时间会逐渐磨损各种情绪最初的威力。

（5）情绪可间接地被行为所影响，我们要积极行动起来。

换一种心情，生活也将焕然一新

或许生活中有许多令女人不开心或是非常担心的事，或许你觉得上天不公，把所有痛苦和不美好都给了你，又或者你的人生从一开始便有一丝缺陷，你觉得自己天生比别人差一些……但是世界上没有不弯的路，人间没有不谢的花，哪个人的生命旅途是一帆风顺，没有丝毫风雨的呢？生活是艰难的，你无法逃避，积极面对才是解决问题的真正办法。然而，当挫折和逆境让我们感到无能为力时，换一种心情，换一种思考方式，该在意的要在意，该放下的就放下，或许问题便迎刃而解了。

曾经有个非常快乐的女人，大家都很羡慕她，有人问她："为什么你每天都是那么快乐呢？"她说："我每天起床的时候都要问自己，你今天是要快乐还是要痛苦呢？我当然选择快乐，所以我每天都是快快乐乐的。"

心理学家曾做过"半杯水实验"，较准确地预测出乐观者和悲观者的情绪特点。悲观者面对半杯水说："我就剩下半杯水了。"乐观者则说："我还有半杯水呢！"因此，对乐观者来说，外在世界总是充满光明和希望。

一美国人着泳装在撒哈拉大沙漠游玩，一群非洲土著人好奇地盯着他。

"我打算去游泳。"美国人说。

"可海洋在800公里以外呢。"非洲土著人提醒道。

"800公里！"美国人高兴地说，"好家伙，多大的海滩哪！"

在悲观的人眼里，沙漠是葬身之地，800公里是遥远，人生是痛苦；在乐观的人眼里，沙漠是海滩，800公里是享受，人生是希望。

乐观使人经常处于轻松、自信的心境，情绪稳定，精神饱满，对外界没有过分的苛求，对自己有恰当客观的评价。乐观的人在受到挫折、失败时，常会看到光明的一面，也能发现新的意义和价值，而不是轻易地自责或怨天尤人。而悲观者一般是敏感、脆弱，内心情感体验细致、丰富，一遇挫折就会比一般人感受得深、体验得多。

心理学研究证实：如果女人想的都是快乐的念头，她就能快乐；如果她想的都是悲伤的事情，她就会悲伤；如果想到一些可怕的情况，那她就会害怕；如果沉浸在自怜里，大家都会有意躲开她。如果女人想的尽是成功，那结果又会怎么样呢？答案是她会成功。乐观与悲观部分是与生俱来的，但天性也是可以改变的。乐观与希望都可学习而得，正如绝望与无力也能慢慢养成。

面对人生的诸多波折、诸多不如意，如果我们无力改变现状，也不要烦躁、焦急或是暴跳如雷，做这些无济于事的举动只会给自己徒增烦恼。学会放下无谓的执着，换种心情，以欣赏的心态耐心等待，柳暗花明的一刻也许更会早些到来。

对于生活的智者来说，变幻莫测的世界和残酷的现实，怎能只用一种心情面对呢？换一种心情，不做无谓的挣扎，忘记悠远的愁思，你的天空会更蓝，你的人生将会更加精彩！

要想摆脱忧愁，使自己乐观起来，女人要尽可能和快乐的女人在一起。你是否有过这样的经历？在一个地方，或是和一些人相处，你会感到焦虑不安、脖子酸痛、疲惫不堪。你不知道到底是哪里不对劲，但就是觉得不舒服。但是和另一些人相处时，你就会觉得精神百倍，身体上的不适感也慢慢消失。在这些人的陪伴下，你觉得事事如意，这些人所散发的正面能量让你感到更快乐、更安详、更有信心。乐观的人是不会被打垮的，如果你也想变成这样的人，现在就赶快行动起来吧。

风雨终会停息，悲伤总会过去

面对痛苦，女人会悲伤，但是不应该让悲伤充满整个生活。当厄运不幸降临时，情绪也会糟糕到极点。这种负面的情感体验让你觉得仿佛陷入一片黑暗的沼泽之中，而且越来越深，将要被它吞没。然而女人的心理总会经受各种情绪的考验，当悲伤来临时，你用何种心态对待，将决定它在你心底停留的时间的长短。

每个女人都会遇到忧伤、挫折和苦难。忧伤、挫折和苦难，一方面像海浪一样打击人类的心灵，另一方面又像雕塑家一样塑造着人类的精神世界。

已经发生的一切是无法挽回的，如今，你需要做的事情是毫不抱怨

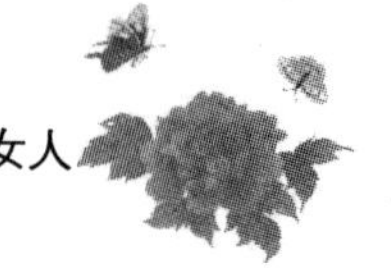

地接受、承担和分享。是的，人间没有绝对“悲惨”的命运——无论怎样深沉的忧伤，都有人跟我们一起分享；无论怎样的风雨，也总会雨过天晴。

面对人生的种种际遇，女人也许无力改变，但是却可以告诉自己风雨总会过去，只要我们学会接受、承担和分享。人生忧愁与快乐的关键在于你的心态，把握住自己的情绪，用平和的心态处事。要坚信，悲伤总会过去，幸福很快会到来。

一味抱怨的悲观者看到的总是灰暗的一面，即便到春天的花园里，他看到的也只是折断的残枝、墙角的垃圾；而乐观者看到的却是姹紫嫣红的鲜花、飞舞的蝴蝶，自然他的眼里到处都是春天。

第二章

婚恋心理壁纸：你的爱情需要由你来装点

女人是花，含苞时清涩的美丽，绽放后娇艳的绚丽，春风亦含妒，需要披上五彩斑斓的锦衣方可与其竞美。花虽好，却有谢时。恋爱、婚姻是每个女人都要经历的生命过程，爱情和家庭是每个女人都渴望拥有的最大幸福。有了婚姻，女人不再畏红颜空老，不再畏情感如游丝，稳定的婚姻会赠给女人情感生活一块磐石。

对待婚姻，女人无须患得患失

爱情，或许是这个世界上最虚幻的东西，很多自称为专家的人告诉我们：如果他爱你，他就会怎样怎样去做。但是当我们真正爱着的时候，谁还会去在乎这些？爱只是一种感受，你觉得爱了那便是爱，如果所有的爱都可以用一个参照来衡量，那么这份爱也便不值得拥有。

每个人都会憧憬美好的生活，每个人都希望得到一切自己想要的东西。女人，经常会在爱情和物质面前摇摆不定，似乎只有两者兼得的人才是真正幸福的人。选择了爱情的女人，或许正在为着一日三餐、衣食住行烦恼不已，昨日的爱情早已在柴米油盐的计较中磨损殆尽；而选择了物质的女人，空守着一个富丽堂皇的房子，却没有什么能填满自己的心。女人开始患得患失，一方面后悔当初的选择，一方面又为现在的烦恼疲惫不已。女人该如何选择婚姻，才能得到幸福？

婚姻中的女人就如同睡在长凳上的乞丐，乞丐在没钱的时候总做着住到豪华饭店的美梦，就像没钱的女人总是渴望有个富有的老公和漂亮的房子一样；然而一旦女人拥有了足够她挥霍的财富，便犹如如愿以偿住在豪华饭店中的乞丐一样心神不宁，一来怕好东西会失去，二来发现“男人有钱就变坏”，即使不变坏，应酬多了，自己理想中缠绵的爱情

依然只能出现在梦中。这样的患得患失、这样的烦恼不已或许是每个女人都要经受的。世上的确没有十全十美的事，你选择了就要承受选择的结果。

很多人都遇到过这样的事情：小的时候学校总是要求穿白网鞋，因为没有钱，总是一双鞋穿到头。看着别人都有新鞋子穿，看着别人的鞋子都是那样的白，而自己的却已经刷得泛黄，心里那个不是滋味呀。开学的时候，妈妈终于同意给买一双新的白网鞋，心里别提多开心了，可是很快你就会发现自己变得很不安。穿着新鞋子的时候，做起事情来要一万个小心，走路不敢大步走，怕别人踩到自己，怕鞋子沾上泥，整天小心翼翼、战战兢兢，于是你变得担忧、焦虑，甚至开始恨你脚上那双梦寐以求的新白网鞋了。想来想去还是穿那双旧鞋好了，新的等到重要的时候再穿吧！

对于一双鞋尚且如此，对待你视为生命的感情，就更不用言说了。每个人都有自己想要的感情，可是大多数人又不知道应该如何处置它。正确对待自己想要得到的和已经得到的，才是一个人健康成熟的表现。

很多女人在恋爱的时候对自己的恋人百分百信任，两个人如胶似漆，思想也很有默契，好得就像是一个人。然而一旦走入婚姻，一条短信、一个过于频繁的电话或者是男人与某个女友的近距离接触，都会让女人耿耿于怀、患得患失。不是女人不够大度，也不是不再信任对方，

只是在全心全意为家庭付出的时候，这颗心经不起一点动摇。女人一旦走入婚姻，就希望是一辈子，所以很用心经营，但是女人必须知道，婚姻并不是万能的，婚姻也永远不能成为你的一切，对于每个女人来说，自己幸福快乐的生活才是最重要的，其他的，能放则放！

恋爱，不该是因为害怕寂寞

从前乡下的袅袅炊烟是人们心灵的暖雾，有小桥流水、鸡鸣犬吠、夕阳和清风的陪伴，即使孤身一人，也从未觉得寂寞；如今高楼大厦、铜墙铁壁，用水泥筑就的城市似乎太过冰冷。人们工作在三点一线的圈圈里，朋友少、知己更少，总有太多话只能说给自己。

有些女人说：寂寞就是这样一种无形的东西，挥之不去，叫之也不会来，却在你思想毫无遮拦的时候悄然而至，侵袭着你的心灵，躲之不及，无法回避，来了就丝丝缕缕占据着你的心灵，必须用全心去应对。寂寞就是一种毒，一种无解药的毒，深夜里莫名醒来，突然想哭，翻个身，原来双人床是如此的大。

是的，人的一生中哪个没有寂寞？经历了岁月的洗礼、心灵的撞击，每个女人都或多或少有些伤感的事，有些难以对人启齿的事，有些只能埋在心中自我解嘲的事。寂寞，就在心事的隐藏中变得越加强烈，越加可怕，有些女人选择了用恋爱来抗拒寂寞！

然而大多数女人在恋爱之后，却越发觉得寂寞，此时才发现，原来

解除寂寞的方法并非找个人来陪伴那么简单。

心理学家说：为何要爱？爱是感觉，也可以是依赖和欲望。有人可以纯粹不问回报去付出，只要不是盲目的，有分寸的话这种爱也许最美丽。有人因爱之名想依赖他人，当对方是自己的仆人，要对方为自己付出，或者相反，以为自己为对方付出一切是为爱，其实只是精神上依赖对方的存在证明自己并不孤独。这种所谓爱最普遍，也爱得不快乐。而欲望的爱，也是每个人面对自我时最常出现的状态，爱人，其实只是爱上人家爱自己，而不是爱上那个人。我们多半是借别人满足爱自己的欲望，甚至透过所谓爱，想占有、改变和控制对方，这也是很普遍的爱的方式，却不等同于爱。

其实寂寞只是一种状态，女人往往在孤独和空虚时给自己一种被人遗忘的心理暗示，从而更加深了内心的寂寞感，从此自怨自艾起来。想要克服寂寞，首先要使自己的精神充实起来，高涨的情绪会使人更多地感受到生活中的快乐，要知道一丝丝阳光便能驱赶一片黑暗，这阳光在每个女人的心中，只等待你的心窗打开。

有一位心理学家，她有一位朋友。5年前，她的这位朋友失去了丈夫，从此，她再也没有逃脱“寂寞”之苦的煎熬。

“我该怎么办？”她丈夫死后1个月，她来找心理学家诉苦，“我应该住在哪里？我怎样重新获得快乐？”

心理学家告诉她，她的焦虑源于降临在她身上的灾难，她应该及时摆脱忧伤，并建议她赶快走出以往的阴霾，建立起新的生活和快乐。

“不，”她回答说，“我不会再有快乐，我已经老了，子女都结婚

了，我无处容身。”

这个可怜的母亲得的是可怕的自怜症，而她又对这种病症的治疗方法不甚了解。

一次心理学家问她：“你总不会让人家总是同情你、可怜你吧？你可以重新开始生活，认识新朋友并培养新兴趣，代替旧的。”

她只是听着，但是并没往心里去。她太自怜了。最后她决定把快乐寄托在子女身上，就搬 到女儿家里去住。

这是一次错误的决定，后来母女俩反目成仇。她就又来到儿子家，但也没有得到好结果。

她的子女只好给她找了一间公寓让她自己住，但这解决不了根本问题。一天下午，她哭着告诉心理学家，她的家人把她抛弃了。

心理学家说：寂寞并不可怕，我们并不需要因此而感到忧伤，爱情是神圣而伟大的，它不是寂寞的附属品。故事中的女人不是没有经历过爱情的小女孩，她经历过挫折，也有过美好，却在失去爱人的时候选择了自我放弃。爱人或许可以陪伴我们走过漫长的生命旅程，然而大多数人还是一个人来一个人走，寂寞是每个人身上共有的病，与其被它打倒，不如享受它、战胜它。

就像怀特博士所说的：“对上帝和同胞的爱都可以称得上是纯真的热情。有了爱我们就能对抗腐败的灵魂的侵蚀和摆脱宇宙的孤寂，培养出精神的气氛。”一个人只有努力创造出这种“精神气氛”，才能克服寂寞。

寂寞或许可怕，但寂寞绝不是放纵自己的借口，人生就像一次长途

旅行，有人孤身上路，有人结伴而行。不管如何，能够享受到旅途中的风景才是最重要的，寂寞是暂时的，只要心中有爱，爱总会到来。

心理课堂

不要为了寂寞去恋爱，时间是个魔鬼，天长日久，如果你是个多情的女人，即使不爱对方，到时候也会产生感情，到最后你怎么办？不要为了寂寞去恋爱，为了摆脱寂寞，有时总会随意找个人恋爱，这是对自己和对他人的爱不尊重的表现。这样的爱动机不纯，很难有好的结果。寂寞时随意的爱，经不起任何的考验，这样不堪一击的爱，只会给双方都带来伤害，这种恋爱对象，只能说是给空虚的自己多找了个玩伴。为了寂寞去恋爱的例子，实在很多，网络恋情更是如此，有些人可以瞬间就恋上了，却闪电式地分手。恋爱的次数不少，但是真心的没有一个，这种拿感情做游戏的人，只会更加寂寞。

信赖老公，但不可过分依赖

说到婚姻，大多数女人首先想到的就是一个爱自己又能让自己依靠的好老公。从古至今，女人在体力上始终处于劣势，这使得从前靠力气吃饭的时代，男人成为家庭的支撑，也使得女人从地位上从属于男人，更从思想上完全地认为自己理所当然地应该依靠男人。

当然，每个人都有依赖心理，无论男女老幼，都希望有人照顾自

己，希望生活中有个支撑，让自己可以无后顾之忧。适当的依靠可以让自己放松身心，可以促进生活的和谐美好，但是如果一个女人没有限度地、一味地依赖自己的老公，那么就会成为一个让人厌恶的寄生虫，俗话说“流水不腐，户枢不蠹”，就是这个道理。

心理学家也曾分析说：依赖心理是一种消极的心理状态，影响个人独立人格的完善，制约人的自主性和创造力。作为“人”这样一个个体来说，依赖心理不利于自身的健康发展，而对于“婚姻”这个整体来说，依赖心理更是一剂毒药。

生活中经常会有这样的例子：女人与男人结婚多年，一直习惯了和这个男人一起生活，忽然有一天男人要离开她，她顿时就像迷途的小鹿，无所适从了。她已经很久没有工作过了，每天过着洗衣煮饭、看电视剧的家庭主妇生活，不再和朋友联系，不再出去应酬交友，她的生活依靠着男人，思想也依靠着男人，她的世界里只有她的男人。而多年后的这一天，她的男人却不再属于她了，对于她来说，一切都将重新开始。

经历过这样境况的女人，有的走了极端，选择了最简单的逃脱方式，离开了人世；有的在颓废消极了很长一段时间之后，不得不重新开始生活。不管结局如何，这样的遭遇是值得每个女人警醒的，“婚姻”并非女人的保护伞，女人可以永远依赖的只有自己。

每个人都有独立生活的能力，只是思想上的贪婪和懒惰使得很多人成为别人的寄生虫。乞丐也是如此，一个伸手向别人要饭吃的人，一辈子都只能做乞丐，而一个肯于自力更生的乞丐，要饭不过是他暂时的保命措施，终有一天，他会依靠自己的能力过上和普通人一样，甚至更好

的生活。

婚姻中的女人，不要以为自己是女人就理所当然地去依靠男人，不要像乞丐一样认定“要饭”就是自己的本职。有工作的女人在经济上有独立感，这种感觉能使她们的精神独立，有相对坚实的基础。很多女人之所以离不开自己已经不再喜欢的男人，就是因为一旦离开他，自己会立刻失去生活的保障，这样的女人如果不能摆脱掉对男人的依赖，就只能在男人的呼喝声中苟活了。

心理学家说，依赖性强的人是一个可怜而孤独的人，他们四处碰壁，不被信任，不受欢迎，遭人鄙视。人们产生依赖心理，往往是为了使自己的生活更加轻松美好，然而却总是忘记“天上不会掉馅饼”的古训，任何事都是两面的，有好的一面就会有坏的一面。对于女人来说，用一时的懒惰和逃避换取一辈子的失落和后悔，值与不值显而易见。

有人说：结婚就是两个人搭伙过日子，要互相扶持。这话说得对，如果你找到了一个会过日子的人，能够把日子过得红红火火，你便应该暗自庆幸并且努力维持，而不是放弃自己的义务去依赖对方。任何家庭的美满都要靠男女双方的努力，失掉任何一方的力量，都不能维持长久，并且，任何女人都希望也应该享有与男人平等的权利，但是，女人是不是也应该付出相等的义务呢？摆脱依赖心理，不是放弃了享受的机会，而是拥有了独立的人格。

依赖心理影响一个人独立人格的完善，制约人的自主性和创造力。

因此，心理学家提出了消除依赖心理的有效方法：首先要克服依赖习惯。当依赖成为一种习惯时，它对人心理的影响就会达到根深蒂固的地步。你应该分析一下自己的行为中哪些应当依靠他人、哪些应由自己决定把握，从而自觉减少习惯性依赖心理，增强自己做出正确主张的能力；其次是增强自信心。有依赖心理的人往往缺乏自信，自我意识低下。最后是要树立奋发自强精神。常言说，温室中长不出参天大树。当今社会是开放竞争的社会，每个人都要在激烈的竞争中求生存，谋发展。因此，要及时调整自己的心态，适应时代变革，拥有健全的人格和良好的社会适应能力。

妒火中烧，最终只会伤害自己

《中国幸福学研究》中说：嫉妒是因为人的本性不满足，不满足就是指每个人都希望我或者我们的事物比别人好，所以嫉妒也是人的不满足本性的表现之一，是对己不如人的一种不满足心态。嫉妒是人之常情，所以不能理解为贬义，不能理解为怨恨，只能说有某些人因不满足而产生怨恨。

嫉妒是女人普遍存在的情绪之一，我们可以从身边找出许多这样的例子，从某种意义上讲，正是因为心存嫉妒，你才有动力去努力、去工作或者学习，从而改善自己。我们允许正常的嫉妒心存在，作为人类的感情之一，我们无法把它排除在身体之外，但是我们可以控制它。

凡事都有个度，过度了，什么都要比别人好，比别人强，最终就会伤人伤己。

在《三国演义》中，周瑜就是一个嫉妒心特别强烈的人，也因为如此，他才发出了“既生瑜何生亮”的慨叹。由于嫉妒心理作祟，他被诸葛亮气得箭疮发作、暴死马下的事发人深省，值得借鉴。

都说“女人的嫉妒心强”，恋爱中的女人嫉妒心更强。爱情是伟大的，每个女人都希望自己是恋人的唯一挚爱，希望对方完完全全属于自己，没有任何隐私和隐瞒，更不允许其他异性的半点介入。

小刘和男友是高中同学，高二时就开始恋爱。之后，他们分别考上北京两所不同的大学。以前，他们感情一直很稳定，几乎每个星期见一次面，可最近他们的感情却出了问题。

男友性格活泼开朗，经常喜欢参加一些学校组织的活动，有时还和同学出去玩。凡是碰到这种情况，小刘心里就特难受，忍不住打电话想了解男友在什么地方、都和谁在一起、都做了些什么。开始几次询问，男友还能耐心地一一回答，可是慢慢地对她的做法开始产生反感，经常拒接她的电话，为此他们时常吵架。

最近这段时间因为男友常和几个女生发微信，小刘觉得他没必要和自己以外的女生保持联系，因此横加干涉。而男友说他们之间是正常交往，让小刘不要干涉。这样的事几次发生，男友最后不得不和她提出分手。他说：“我本来就是性格外向的人，有一些异性朋友是很正常的事儿。可是她总是看着我，甚至不让我和女生交往，我无法忍受她对我的干涉和不信任，和她在一起我很压抑。”

每个女人都希望自己幸福，然而很多女人却亲手埋葬了自己的幸福。或许小刘只是出于“嫉妒心理”，也是对男友的一种爱，然而这种爱却是自私的，她完全忽视了对方的感受。很多像小刘一样的女人，她们把恋爱对象当成自己的私有财产，不许对方和任何异性接触。古往今来，这样的女人数不胜数，她们把嫉妒运用得淋漓尽致，结果却总是搞得自己伤痕累累。恋爱中的女人经常被幸福包裹着，被爱冲昏了头脑，以为对方爱自己，就会永远包容自己，要知道，任何人心里都有一个底线，你最好不要去试探着逾越它。

心理学家曾说，人人都有嫉妒心理，只是不同的人，这种心理的外在表现得强弱不同罢了。嫉妒也是一种需要，是一种自我提高的动力！如有些人，看到别人的美丽优雅，不是去冷眼相待，而是积极向别人学习，取人之长、补己之短，努力使自己也成为一个优雅的人；也有些人看到别人家里过得富足幸福，为了让心爱的人能够快乐，自己也努力拼搏，打造自己的爱巢。嫉妒，并非只是“消极”“破坏”的代名词，它同样也有着积极的一面，只是看你如何运用。如果你甘心做一个小心眼的人，那么下场肯定就会如“周瑜”一般，纵使有着和诸葛亮一般的聪明才智，也会被嫉妒害死。

人性的诸多弱点中，嫉妒是重要的一点。嫉妒是一种比较复杂的心理，它包括焦虑、恐惧、悲哀、猜疑、羞耻、自咎、消沉、憎恶、敌意、怨恨、报复等不愉快的情绪。别人天生的身材、容貌和逐日显出来的聪明才智，可以成为嫉妒的对象；其他如荣誉、地位、成就、财产、威望等有关社会评价的各种因素，也都容易成为他们嫉妒的对象。

恋爱中的女人总是奉承着爱情至上的原则，有些女人为了自己自私的爱情，不惜触犯法律，做出一些伤害别人也伤害自己的事情。很多年轻女孩，总是讨厌这个又讨厌那个，你问她原因，原来是因为对方比自己漂亮，或者说别人“狐媚”，实际上是嫉妒她比自己有吸引力。女人的嫉妒是可怕的，因为女人大都是感性的，很容易感情用事，做出一些不理智的事情来。女人要知道，有时候，别人身上看似好的东西，往往也具有坏的一面，每个人的存在都有自己的价值，每个人的感情都有自己的发展方向，珍惜自己所拥有的才是聪明的做法。与其让嫉妒带给我们更多的痛苦，不如多看看自己的闪光点，体味自己的幸福。

美国著名的心理学家和教育家，人本化教育思想的代表人物罗杰斯指出，要消除嫉妒心理，应做到以下几点。

1.要有自知之明

在生活和学习中，当我们不知不觉地产生某些嫉妒心理时，我们可以冷静地分析一下嫉妒的不良作用，同时正确评价自己，从而找出一定的差距，亦即人们所说的“自知之明”。

2.要设身处地地为对方着想，诚肯地肯定对方

俗话说：与人方便，与己方便。与人相处，若想得到良好的关系，就应该设身处地地为对方着想，以一种欣赏的角度去品味别人的优秀。学会体谅他人并不是困难的事，只要你愿意认真地站在对方的角度和立

场看问题，设身处地地为别人着想，多肯定对方，那世界上就没有想不开的事情。

3.别好高骛远，脚踏实地地做事

不管别人说什么，我们都应该把头扬起来走路。做好自己力所能及的事情，尽自己的最大努力，脚踏实地地一步一个脚印，不去学那种好高骛远、死要面子活受罪的人。靠天靠地靠父母，不是真好汉。给金山给银山，不如学会一门技能。一个人学会了一项技能，不管走到哪里都可以立足。

走出婚姻恐惧症的阴影

现代社会的男女青年，大多数是独生子女，从小享受着“衣来伸手、饭来张口”的生活，即使工作之后，也是自己赚钱自己花，不用去考虑太多生活上的琐事。爱情是美好的，恋爱是诱人的，男女青年经历了爱情的洗礼，总希望有个稳定的结局，但是一思及成家后的责任、束缚，很多女人就犹豫了、退缩了，甚至“逃婚”事件在这个“婚恋自由”的社会屡屡上演。

老人都说，恋爱、结婚、生孩子本是人生三大喜事，可是随着婚期的临近，许多准新娘、准新郎都从心里产生一种莫名的恐惧，这被称为“婚前恐惧症”。“婚前恐惧症又叫作“结婚恐惧症”，是在新人举行结婚仪式前一周或一个月最容易产生的消极心理情绪。心理学家说，这

其实是一种“回避心理”在作祟。

当然，“婚前恐惧症”是那些已经有婚约或者即将举行婚礼的人才会出现的状况，而现代社会，大多数女孩恋爱期间就已经患上了“婚姻恐惧症”。网络发达，信息传播自由、迅速，使人类的生活节奏也随之加快，然而面对媒体铺天盖地的对婚姻的分析，对“围城”的剖解，女人过早地认识到了婚姻的责任和麻烦：婚后的琐事、孩子的生养教育以及婆媳关系的处理，老公是否会出轨等问题都早已列上了女性“婚姻账单”。很多女性因为怕自己无法承担如此多的压力而选择不婚或者延迟婚期。

就像小林说的：我是个“80后”的女孩子，一直都没有谈过恋爱，我所在的公司有很多男同事都离婚了，如婆媳关系处理不好的，如有一方有外遇的，这让我感觉到婚姻太不可靠了，也让我不敢轻易相信男人。我担心，自己也会经历恋爱、结婚，然后再离婚的过程，如果那样，还不如一直单身，因此便对一些对我有好感的男孩敬而远之。可每当节假日的时候，我又感到特别寂寞，甚至连发个短信问候我的男孩都没有，我又觉得自己很失败。现在，我时常处于这种矛盾的心情，无法排解。

每个女人对婚姻都有或多或少的担心，像小林一样的女孩在如今的社会上很多，一方面被爱情吸引，一方面又害怕责任太重、自由被束缚，在爱与不爱之间徘徊多年，蹉跎了大好青春，到最后还是没有找出答案。

一位心理学家在课堂上讲过这样一个故事：

琼斯是明星报的年轻记者，他对自己的工作表现很不满意，总认为自己的能力平平，畏惧接受看似有一定难度的工作任务，因此他的工作业绩总是停留在打杂的档次。

有一天，报社新闻采访部的上司交给琼斯一个任务：“你去采访一下大法官布兰代斯吧？”

琼斯大吃一惊，说道：“要我去采访大法官布兰代斯？人家根本就不认识我，又怎么肯单独来接见我呢？”

“你不去试试又怎么知道人家不肯接见你？”新闻采访部的上司显然有些生气了，“年轻人，你必须学着独立行动才行，否则永远也成长不起来的！”

说完，新闻采访部的上司就拿起电话拨了一串数字：“喂，请问是大法官布兰代斯秘书处吗？我是明星报的新闻记者琼斯（站在旁边的琼斯惊讶得张大了嘴巴），有一篇稿子想去采访大法官先生，不知道是否可以安排接见一下？”

只听电话那一端愉快地答应了：“好的，那就安排在今天下午吧……”

放下电话，新闻采访部的上司拍着琼斯的肩膀说：“喏，我已经给你预约好了，是下午1点15分，你记得按时过去！”

接下来的新闻采访，琼斯进行得非常顺利，而且稿子也写得特别好。

后来，琼斯不止一次地对人说道：“也就是从那个时候开始，我学会了单刀直入的做法，虽然做来不太容易但却十分有用。因为，只要一次克服了心中的畏怯，那么下一次也就容易得多了。”

战胜恐惧，也许只是一小步，但是那一步你迈出去了，对你的人生发展就有很大的意义，战胜自己内心的怯懦，对自己来说这是一种突破。

人们对婚姻的恐惧，似乎就像琼斯不敢相信自己有能力去采访大法官一样，他认为高高在上的大法官不是他一个新上任的小记者能够企及的。然而，他这种担心全是来自别人的经历教训，或者说只是对未知的一种恐惧。当你真正地去接触婚姻，接触你曾不敢接触的那个人后才发现，原来越是站得高的人越和蔼亲切。心理学家说，面对婚姻，人们应多看看婚姻中美好的部分，只看到婚姻中阴暗的部分，那就不能正确认识婚姻的美好和意义，正确审视周边人的婚姻生活，你会发现失败的婚姻并不是大家想象的那么多，甜蜜的三口之家其实比比皆是。

有人说“婚姻就像鞋子，合不合脚只有自己知道”，对于那些还没有穿上婚姻这双鞋的人，听别人说鞋子小就认为所有鞋子都是小的，听别人说鞋子磨脚便打消了穿鞋的念头，殊不知也有很多人正在享受着双脚有鞋子保护的温暖和乐趣。每个人都是独一无二的，自己的鞋子只有自己试了才能知道好与不好。

心理课堂

有这样一段小故事：有一位教师走进教室，手里拿着一张有一个黑点的白纸。他问学生：“孩子们，你们看到了什么？”学生们齐声回答：“一个黑点。”这时，教师说：“难道你们谁也没有看到这张白纸吗？”

生活中或许真的有很多不幸的婚姻，但是一方面是由于每个人性格的差异，一方面也是由于媒体的渲染。经常和身边已结婚的朋友探讨婚姻生活的美好，增加自己对婚姻的憧憬。此外，有恋人的可以和对方彻谈一次，分析你和他料理生活的弱点，共同商量结婚以后遇到此类情况的应对措施，同时展望以后婚姻生活的美好，增加对婚姻的信心。仔细看看，其实身边幸福的例子很多，多看看幸福的婚姻，多想想好的方面，一切恐惧都会烟消云散。我们不能因为一颗酸葡萄就认定所有葡萄都是酸的，说不定有些人还比较喜欢酸的呢?

自怨自艾，往往让你止步不前

女人，总是喜欢被男人宠着的感觉，恋爱时风花雪月、甜蜜缠绵，让女人渴望一生拥有这样的幸福。然而很多时候，恋人成为丈夫之后，却总是很少再搞浪漫，很少再含情脉脉地对女人说“我爱你”。尤其是东方男人，他们不像欧洲男人那样主动，不会在大庭广众之下表达自己的情感。随着时间的慢慢流逝，女人觉得男人似乎已经不再爱自己了，女人开始为这样的一段婚姻而烦恼。

女人的心思细密，情感也细腻，比起男人需要更多的关怀和关注。但是男人一旦成家立业，便多了一份责任，他们要为家而打拼，他们变得世俗、粗犷。他们并非不再爱自己的妻子，或许是生活的磨难分散了他们的精力，他们把全部心血放在维持这个家上面。女人不要在这个时

候自怨自艾，不要光坐在那里等着男人来关怀，女人也可以做情感的主人，制造些许小浪漫，主动表达自己的爱和关心，主动告诉他自己的需要，婚姻中的女人不能像恋爱时那样被动，毕竟婚姻是两个人的，你也有责任挑起一部分家庭的担子。

爱的能力，不仅决定着我们与家人的亲密程度，而且也决定着我们与他人的关系。我们对朋友、工作、住地以及世界的态度，大多由我们对家庭所付出和接受的那种爱来决定。如果男人因为某些原因忽略了你，不要伤心，不要失落，主动一些，提醒他，告诉他，或许因为你的关心，会重燃你们之间的激情。

男人表现爱的方式有千万种，不一定用语言，不一定是缠绵的拥抱，有时候，从众多人中看向你的目光；电视机前紧握你的手；不经意的一次爱抚，甚至习惯地轻轻唤你的名字，都包含了他那深埋心底的爱恋。

感情不比物品，得失之间可以将人折磨得憔悴不堪。很多女人把爱情视为生命，没有了爱情便没有了灵魂，活着如同行尸走肉，再不觉得生活有乐趣。每个人都会在感情上遇到不尽如人意的时候，不要过分失落，人生下来本无一物，你只是失去了曾经得到的东西。当缘分已尽，不要过分执着。

其实，一些小事根本就不值得一提，别人根本没有在意或早已忘却，只有你还记在心里，耿耿于怀，这就是人们无法战胜自己的体现。女人总是努力地想去扮演一个完美主义者的角色，然而这似乎太苛刻了，只会加重你情绪的负面影响，给自己的心理造成障碍。

所以，学会控制自己的负面情绪对于每个女人而言都是相当重要的，它是女人成功的前提，更是女人身心健康的保证。做自己情绪的主人，不仅让你重新获得主导权，而且你会发现所有的难题你都能够轻松驾驭了！

为爱付出，何尝不是一种幸福

我们常说“一分耕耘，一分收获”，有付出才有回报。然而对于爱情来讲，却未必全都如此。

经常会听到女人这样感叹：我非常爱我的老公，为了他我可以付出一切，我以为我们足够相爱，没想到也会走到分手的这一天。这种为了爱不顾一切的女人在我们的生活中屡见不鲜，有的为爱放弃了孝顺父母的机会，有的干脆与家人决裂，有的放弃了工作和自己原来的朋友、交际，也有的放弃了自己求学晋升的机会去成全恋人。爱，没有错，付出，也没有错，然而一个人全心全意付出并且毫无所求以致迷失了自己，这就是大错特错了。这种想法，看似非常伟大，其实是一种很深的自恋。有这种想法的人，没有看到对方的真实存在，她是自顾自地付

出，她的付出是她自己的需要，未必是恋人的需要。

任何女人，在世界上首先都要以一个完整的人的形态来存在，才有可能去完成其他事情。恋爱中的女人，往往以为有了爱就有了一切，但是人不能只靠爱活着，一个温饱不足的人去谈论感情是很累的，就像俗话说的“贫贱夫妻百事哀”。当然并非说穷人便不能恋爱，只是每个人都要看清楚自己的位置，首先要为自己而活，才能更好地去经营感情。

也有一些女人，倚仗自己某些优越的条件，不仅对爱情挑三拣四，就是真的恋爱了，也总是想着对方该如何爱自己，对方该为自己做些什么，似乎只有那个真正愿意被自己踩在脚底下的男人才是真正爱她的。男人或许可以为了女人的美貌而苦苦追求，男人或许可以在恋爱时期对女人百依百顺，然而如果一个人的付出换来的只是尊严永远被无情地践踏，那么分手的结果就是必然而然了。

为爱付出是幸福的，但女人不能过分地付出以致迷失自己，否则便失去了快乐的本质；当然也不能一味索取毫不付出，这样对方便不会幸福。感情是两个人的，你不能只考虑自己而忽略另外一个人的存在。

曾经看到过这样一个故事：有一个人登山时，遇到了暴风，不幸迷失了方向，由于他的穿着和装备无法充分御寒，他的手脚逐渐变得僵硬。碰巧的是，当他在寻找避寒之处时，发现一个人也因为过度寒冷而倒在地上。于是，他立刻走到那个人的身边，并且脱下手套开始帮他按摩手脚，直到那人逐渐有了反应，两个人才合力去找寻避寒之地。

事后，故事中的主角说，当他在救助那人的同时也救了他自己，因为他那原本僵硬麻木的肢体，在为对方按摩的时候竟然也恢复了知觉，

所以他们才能够一同度过最艰难的时期，甚至在此事件之后，他们也成了感情深厚的好友。

心理学家说：有时候不经意的付出，将会为对方带来终身的影响。所以当你不为行善寻找条件与借口时，你最终还是能够得到一份珍贵的回礼。事实上，在施恩与受惠之间，原本就是互动的，因此有时候，我们无法清楚分辨谁是施恩者，谁又是受惠者。换而言之，施恩者与受惠者的处境和地位，有时会因为时间和地点的不同而有所置换，但真正重要的是，施恩者不该以自己的施恩而恃强，受惠者也不应该因为接受了他人的恩惠而矫揉造作，当双方均是从心底里面去感谢对方时，就能够在心意互动之余促进善意的不停循环！

初出娘胎，或许懵懂无知，那时候，我们只能接受父母的爱、师长的爱与同学的爱，等我们渐渐长大时，我们不能永远当个接受者，总有一天，我们也要学着当个施予者，付出我们心中的爱。

有人说，唯有被爱过的人，才懂得爱人。因为被爱过，心中体会过那种被爱着的甜蜜，才会懂得付出爱。

如果爱情已成往事，就让它烟消云散吧；一朵花谢了，就再寻找另一朵。就算爱情没了，生活也一样在继续，幸福永远在将来，命运在你自己的手中。

学会“遗忘”，目光始终向前看

人有悲欢离合，月有阴晴圆缺，此事古难全。

有人恋爱有人分手，有人结婚有人离婚，感情的事最是千变万化，让人难以捉摸。有人说：你只需要花一分钟注意到一个人；一小时内变成朋友；一天让你爱上他；一旦真心爱上，你却需要花上一生的时间将他遗忘。

我们不想遗忘，然而又不得不去遗忘，伤心的事太多，存到心里就会变成病，对心理、对身体都是有害的。既然人生来是要追求幸福和快乐的，何不随时整理你的心情，轻装上阵，继续向前走怎能遇到下一个幸福。

在漫长的岁月中，你一定会碰到一些令人不愉快的情况，它们既是这样，就不可能是那样。你也可以有所选择，你可以把它们当作一种不可避免的情况加以接受，并且适应它，或者可以用忧虑毁了自己的生活，甚至可能最后弄得精神崩溃。要乐于接受必然发生的情况，接受所发生的事实，这是克服随之而来的任何不幸的第一步。

或许婚姻中会有不幸，或许感情里会发生意外，人生在世，的确是一件不容易的事。就像失败伴随着成功，忧虑与烦恼有时也会伴随着欢笑与快乐，如果一个人的脑子里整天胡思乱想，把没有价值的东西也记存在头脑中，那就会感到前途迷茫。人生，有很多的不如意，所以，我们很有必要对头脑中储存的东西给予及时清理，把应该保留的保留下

来，把不应该保留的予以抛弃。那些曾经带给我们不快乐的事情，实在没有必要过了若干年后还回味或耿耿于怀。

要想成为一个快乐成功的人，最重要的一点，就是学会将过去的不快通通忘记，重新开始，振作精神，不使消极的情绪成为明天的包袱。因为明天才是我们要去面对的，只有向前看才能找到成功的出路。

幸福是可以选择的，女人在选择之前，首先要弄明白自己内心真正需要的是什么，那个能带给你快乐的东西才是真正的幸福。遗忘的过程是一种痛苦，然而与一生不能释怀相比这种痛苦是短暂的。阿姆斯特丹有一家15世纪的老教堂，在它的废墟上留有一行字：事情既然如此，就不会另有他样。与其对不能改变的事耿耿于怀，不如把它当作生命中的一页，翻过去，继续新的航程。

第三章

职场心理博弈：懂心理让你在职场中游刃有余

女性身在职场，有很多不容易和不方便，然而为了生存和独立，女性又必须承担起这些责任。成功学专家卡耐基说，能接受最坏的情况就能在心理上让你发挥新的能力。身为女性，我们不应该被工作所累，学会运用心理学的知识为自己解惑，让自己每天都有一个好心情去面对工作和生活，让我们的人生状态始终像彩蝶一样，轻盈飞舞……

与其依赖他人，不如做自己的拯救者

在一家漂亮的露天游泳场里，凯琳直勾勾地看着大伙儿在灿烂的阳光下尽情地嬉戏，心头忽然涌出一种不舒服的感觉来。

凯琳害怕自己被呛着，所以总是不敢跳下水去。

也许是看到了她的内心正在挣扎，一些小伙伴就过来挑逗凯琳了："跳下来吧，不要因为害怕水，你就永远不去游泳了……""是呀，凯琳，你看今天的水，不冷不热的，恰到好处呢……"

一个小伙伴调皮地捧起一捧水来，"哗"地泼在了凯琳的身上：哦，滑滑的，凉凉的，果真是清爽极了。

凯琳犹豫了一会儿，终于鼓足勇气试着下到了水中——虽然还只是在靠近岸边的地方扑腾，但凯琳发现自己并没有想象中的那么害怕，那么无能。

一个小伙伴手把手地教着凯琳："试试看，把自己浸入水里，看会不会沉下去！"

凯琳很听话地试了一回。嘿嘿，小伙伴说的确实没错，在自己的意识处于完全清醒的状态下，要想整个身子都沉到水底下还真的有些难度呢。

"怎么样？既然沉不下去，那也就淹不死了，你还担心什么呢？"听小伙伴这么一说，凯琳突然为自己以前的想法感到好笑。

从这天开始，凯琳再也不害怕水了，不但可以勇敢地从岸上直接跳下来，而且能在水中憋着气游好远呢。

我们每个人心中都有一个凯琳，很多职场的女性在面对工作时就像凯琳面对游泳池一样，被过去的失败经历所吓倒。心理学家说："在女人的内心里，潜藏着对陌生事物的恐惧与害怕，由此也就会对自己的能力产生怀疑，对行事失去信心，希望得到外力的扶持。"人们对未知充满了恐惧感，越是恐惧就越不敢去接触，这样的结果就使得女人更加恐惧。其实只要你敢于迈出第一步，像凯琳一样慢慢试着去接触水，那么所有问题都可以迎刃而解，或许你还会发现过去你所惧怕的工作正是可以充分发挥你才能的工作。

这个世界上没有永远走运的人，也没有永远一帆风顺的工作。每个人都会遇到难题，你是自己给自己设一个心理障碍，然后在跨越障碍还是忍受障碍中犹疑不定、浪费光阴，还是果断地去尝试呢？

心理学家这样告诫女人："即使你再羸弱、再贫穷、再普通，你仍然拥有别人羡慕的优势。"人都是自私的，每个人心里都希望自己才是最好的，而那些真正相信自己能够做到最好的人，往往也的确做得不错。

很多女人在遇到困难时总是希望神灵能够出现来帮助自己，她们总是把希望寄托在别人身上，殊不知，每个人都有一个保护他的"圣人"，这个人就是"自己"。也有很多女人在工作中，一遇到问题就想

找人帮忙，一次两次可以，时间久了必然会遭到冷遇。每个人都有自己的工作，就算你们关系再好，也不应该动不动就去麻烦别人，别人帮助你是别人善良，但是你不能仗着别人的善良就肆无忌惮地要求别人。任何人做任何事，还是要自力更生，用自己的双手和头脑去赢得属于自己的成功！

每个女人心中都有自己的“魔咒”，只有自己才能解救自己，每个女人都想遇到“圣人”，却不曾想到“圣人”便是自己。一个女人最难做的就是超越自己，当你“圣人”的一面打败“魔咒”的一面，你便离成功很近很近了。一个女人思想或者心理的瑕疵，只有自己才可以去掉，身边人的帮助只是暂时的，没有人可以一生一世帮助你。很多时候只是女人主观地把自己想象成处在一个不可救药的地步，而事实上心理战才是世界上最残酷的战争，它无影无形却深深地影响着世界上每一个人，只有打赢这场仗，你才能做生命的主人、生活的强者。

职场上，距离产生美——刺猬理论的妙用

俗话说“距离产生美”，女人在职场中想要保持自己的神秘和美丽，也要运用好“保持适当距离”这个法宝，近一分则嫌蜜，远一分则嫌淡，合适的距离才是立足职场的基础。

有这样一个刺猬理论：在冷风瑟瑟的冬日里，有两只困倦的刺猬想要相拥取暖休息。但无奈的是双方身上都有刺，它们无论怎么调整睡姿也睡得不安稳于是，它们就分开了一定的距离，但又冷得受不了，于是又凑到了一起。几经反复的折腾，两只刺猬终于通过自己的努力找到了一个合适的距离，既能互相取暖，又不至于刺到对方，于是舒服地睡了。在职场生存，就如同需要相互取暖的两只刺猬，既要能够相互协作，取得自己想要的利益，又要不伤害到对方。

心理学家研究表明，人们与他人的距离是与人的喜好和性格相关的。人们离他喜欢的人比离他讨厌的人更近些，要好的人比一般熟人靠得更近些。同样亲密关系情况下，性格内向的人比性格外向的人保持较远些的距离，异性谈话比同性相距远一些，两个女人谈话总比两个男人谈话挨得更近些。

在职场中，女人却不能根据自己的喜好来决定自己与他人的距离。与同事过分亲密，是对领导者权力的挑战，因为每个领导者都希望自己是这个团队的核心，如果某些人在自己的团队中间再搞小团队，会使他觉得受到威胁，从而产生对这些人的反感。身为女性职员，不仅要注意不与同性搞小团体主义，也要注意与异性的接触距离。虽然说“男女搭配，干活不累”，但是女人在与男性一起工作时，还是要做到自尊、自爱，保护自己。

如果是作为女性领导者，更是要注意管理者与被管理者之间的距离。“疏者密之，密者疏之”，这才是一位优秀的管理者应该遵循的法则。领导想要搞好工作必然要与下属保持亲密的关系，这样容易和下属

打成一片并且赢得尊重，下属在工作时也愿意服从领导的安排，多替领导考虑。同时如果领导与某一个员工过于亲密，一方面会引起其他员工的不满，另一方面会对自己的声誉和家庭和谐造成不好的影响。作为领导还是要保持足够的领导威严，这样才能使下属服从，使上级信任。

每个公司在过年过节或是公司的大日子里都会做些福利，如开个晚会或者集体聚餐，这也是员工之间联络感情的好机会。一上酒桌，人们往往就控制不住自己了，一喝就多，一多就乱说话，说不定哪句话就泄露了你的小秘密，所以即使与同事关系再好，也不能多言，言多必失，不说你可能会不小心得罪人家，就是别人无心地说了一件关于你的事，后果也是于你不利的。

职场中运用好刺猬理论不仅可以使你工作轻松、如鱼得水，也可以为你的品质加分。如果在一个公司，你遇到了和下面故事中小李相似的情况，那么刺猬理论或许可以帮你顺利找到下一个工作。

小李是一位工作经验丰富且能力很强的女秘书。招聘她的女经理这样问她："小姐，你长得这么漂亮，学历也高，举止大方优雅，你原来的上司难道不喜欢你吗？" 小李微笑着回答："或许正是由于这个缘故，我才想离开原来的单位。我情愿老板事多累下人，也不想让他们'情多累美人'。如果我能在您的手下工作，肯定能省掉很多不必要的麻烦。"小李并没有讲前任上司到底好还是不好，只一句"情多累美人"便使人既同情又爱怜，结果她非常顺利就走上了新的工作岗位。

一个身处职场的女人能够洁身自爱，不用自己的美貌做向上攀爬的砝码，懂得与自己的异性领导保持恰当的距离，如果这个距离无法保持

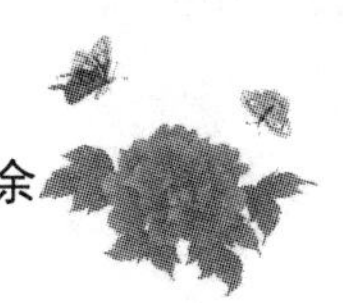

就选择离开。这样的女人，能够保持自己对上级的尊敬，也不对别人妄加评论，无论在人品还是在工作能力上都给了新上司一种良好的印象，这样的女人怎么能不被录用呢？

心理学家说，美感在适度的距离上产生，情感在适度的距离上升华。而职场上的距离最重要的是舒适感，只有在一个大家都觉得自在的距离，每个人才能不受影响地发挥自己的才能，如果身边有人看着，或者是感觉到有人时不时地盯着自己，就很难做到用心工作，从而降低工作效率和工作质量。

一位书法大师受寺庙住持之邀为寺庙题字。他写字的时候，他的一名弟子在旁边为他磨墨。等他写完了，他的弟子坦率地说："这幅写得不好！"大师就又写了一幅，这名弟子见了又说："不好，还不如刚才那一幅呢！"

大师又写了一幅，可还是没得到弟子的赞许。大师就耐着性子继续写，一连写了80多幅，都不能令那名弟子满意。后来，这名弟子出去小解，大师想："这下我可自由了，不用在他的监督之下写字了。"

等弟子回来，大师又写完了一幅，弟子一看，连连称赞："真是神来之笔！"

一位书法大师，在书写的时候都会受到磨墨弟子的影响，可见即使再亲密的人也需要保持适当距离。任何人都不想自己在别人面前是完全透明的，每个人都有自己的行为处事方式，完全没有隐私地活着也是一件很累人的事情。就像这位书法大师，自己本来已经是大师了，为何还要在乎弟子在身旁的观摩？只是每个人都有自己的性气，大师因为有人

在旁观看而无法全神贯注，从而束缚了自己灵感的发挥，当他的弟子一离开，他便马上如释重负一般，写出一幅令人惊叹的佳作。

各自距离适用标准：

亲密距离一般间隔在15～45厘米。处于这一距离中的两人，很容易就能接触到对方的身体，所以，这一距离只适用于情人、夫妻、父母与子女或绝对要好的朋友之间。可想而知，这种距离是绝对私人化的，是绝对禁止外人进入的。

个人距离一般在45厘米至1米之间。处于这一距离中的两人，不容易接触到对方的身体，只有握手时才可以接触到对方。这一距离通常是用于熟人的朋友。如果想向对方表示一种亲近感，也可以采用这种距离。

社会距离比较灵活，可近可远，可在1米左右，亦可在3米以上。这种距离通常适用于关系一般的人际交往，处于这一距离中的两人，通常隔几步远打招呼或寒暄几句便又分开。

公共距离一般都在3米以外。人们在公共场合经常采取这种距离，如公园散步、路上行走等。这种距离一般被演讲者和教师采用。

面对压力，聪明的女人会化解

有一群女人，她们总是在清晨睡眼惺忪的时候便湮灭在匆匆的上

班人潮中；有一群女人，她们总是披星戴月地回家而很少看到晚霞；有一群女人，她们有丈夫、有孩子却总是不能陪他们好好吃一顿饭或是过一次生日。她们，就是众多的职业女性，为了家庭生计，为了更好的生活，她们舍弃了很多。为了保住自己的工作，为了得到领导的赏识，为了升职加薪，这些女人如陀螺一般，飞速地转动却得不到片刻的休息。多少无奈、多少心酸无处诉说，这都是“压力”惹的祸。

职场，是一个风云莫测、弱肉强食的世界，职场女性面对巨大的工作压力和生活压力，如何才能积极应对，不被压垮，如何才能度过自己的低迷时期，走向事业的辉煌呢？其实压力固然累人，如果能够学会给自己减压并且轻松面对压力的存在，或许压力还可以帮助你早日实现“晋升”的梦想。

葡萄架上的葡萄就好像是工作上面的成就，而得到这些成就也就是每一个职场人的梦想。为了实现早日吃到葡萄的目标，每个人心里都有自己的盘算，因而也就产生了不同的心理压力。面对这些压力，有的人积极寻找便捷途径，成功了；有的人只能是“吃不到葡萄就说葡萄酸”；有的人怀着对梦想的憧憬郁郁而终；也有的人产生了心理阴暗面，以致走上歧途；当然也有一部分人，能够积极与他人合作，共同分享劳动成果。

心理学家说：“心理压力是魔鬼与天使的混合体。说它是魔鬼，是因为它的确能带给人心灵的和躯体的双重伤害。说它是天使，是因为它也有很多的好处。”压力的产生不是无缘无故的，正是因为你的心中有所企盼才会有相应的压力产生，如果你自己把压力妖魔化、扩大化，那

么你就会在压力的压迫下走向失败；而如果你只是把压力看作通往成功之路的必然阻碍，从而轻松地绕过它或者跨过它，你不仅不会被压力打倒，还可以提前到达梦想的彼岸。

聪明女人应当善于应对压力，不仅要会化解压力，更要能够管理压力，使压力为已所用。有一位心理学家曾经说过："压力和年龄是成正比的，压力会随着年龄的增长而一点一点增长。"但是压力之所以成为压力，全是因为自己心中有所求，如果能够放下心中的欲望，认认真真地享受生活，那么一切压力都将不再是压力。面对压力，你要做的不是去逃避，更不是被压力拖垮，而是勇敢地跨越过去，就像哲人说的："谁要是害怕走崎岖的山路，谁就只好永远留在山脚下。"

女人面对职场压力时，学会下面的五步，一定可以变压力为动力，消压力于无形。

（1）有明确的价值观和清晰的人生定位：在巨大的欲望面前，任何压力和困难都是微不足道的。

（2）用积极乐观的心态面对压力：法国作家雨果曾说，"思想可以使天堂变成地狱，也可以使地狱变成天堂"。不要忽视心态对人的影响。

（3）把压力写下来：经常做自我反省，看看自己正在被何种压力困扰，并且把它们逐一写下来，找到病因，对症下药。

（4）工作和生活区分开来：不要把工作上的压力带回家，家是一个让人充分休息、放松的地方，学会给自己留出休闲的空间，一张一弛才是生活之道。

（5）学会分担压力：并非所有的压力都要一个人来扛，与同事携手合作也是一个不错的工作方式。

重复做事在职场中的积极作用

都说“人在江湖，身不由己”，只有身在职场的女人，才知道人在职场比人在江湖更难生存。一个幸福的女人不仅需要一个完整的家庭，同样需要一份称心的工作，然而女人一入职场便会生出许多压力和烦恼。面对一份只是做些机械性重复动作的简单工作，每个女人都会产生厌烦的情绪，然而如果你懂得“重复定律”，或许会对你的工作有另外一番认识。

重复定律也称实践定律，就是说：“任何的行为和思维，只要你不断地重复就会得到不断的加强。在你的潜意识当中，只要你能够不断地重复一些人、事、物，它们都会在潜意识里变成事实。”意思就是说，只要你一再重复做一件事，这件事就会成为你新的习惯。

或许你做的只是一份秘书的工作，每天只要接接电话、整理整理文件，协助老总做一些简单的准备工作，有的女人做了几年也依然在做这些事情，而有的女人却能够利用在老总身边的优势，积极学习老总的管

理思想和做事方法，即使打印文件也能够从中学习到某些东西，在做好自己本职工作的基础上，又学会了如何管理公司。同样是重复性工作，当然也要看你是否用心，不要以为只是简单重复某个动作而毫不用心，就可以实现梦想。

大锤和小锤就代表两种不同的女人，有的女人拥有大锤的力量，却在梦想的路上希望一蹴而就，除非你的梦想太近，否则便不太可能成功；有的女人或许只有小锤的力量，但是她们能够一锤一锤不停地敲下去，结果在惯性和力的积累过程中，反而能够实现自己的梦想。

忍耐力，让女人取得高成就

我们常说：“小不忍则乱大谋。”在当今社会，职场竞争激烈，女人普遍存在心态急躁、心情抑郁、生活盲目等心理问题。每个女人都想有一个稳定的工作，每个女人都想享有升职加薪的机会，然而职场如战场，一年到头血拼下来，也和“晋升”这个词毫无关系，是不是又要沮丧了呢？其实回过头去想一想，或许不是因为你工作不够努力，不是因为你业绩不够突出，更不是因为你资格不够老，而只是你的忍耐力不够。一个忍耐力强的女人才能够坚持到梦想实现的那一天，一个能够忍耐的女人才不会乱说话、乱发脾气，忍耐力是女人立足职场、成就大业

的必备“武器”。

女人身在职场，有许多方便和不便，方便的是与人打交道更显得和蔼可亲，在人际关系处理上比较得心应手。不便的是身为女性，和异性接触难免会有不自在的时候。而且一旦选定自己的工作，一般都会长期做下去，但是常年从事同一种工作，难免会觉得单调、枯燥或者劳累、不耐烦。正因为如此，有很多人忍耐不住而选择跳槽或者不用心工作。也有的人为了寻找新鲜感而去涉足自己完全陌生和不懂行的领域，结果自己以前的积累全部作废，自己在原单位老员工的资格也全部作废，一切都要重新开始，从最基本的试用期开始。

朗费罗曾经说过：“坚忍是成功的一大因素，只要在门上敲得够久，够大声，终必会把人唤醒。”的确，没有人会永远注意到你，每个人的工作都是一样的，只是每个人的表现不同，机缘不同，只要你能够一如既往地做自己的工作，总会有被发现、被赏识的一天。并且作为一个女性来说，找到一份稳定的工作不容易，而且大部分工作可能都是单调的重复，你只有把这些简单的东西做好做熟，才能够合理运用自己的时间，并且把工作做到最好。

有的女人能够做大事，因为她有聪明的头脑，有的女人只能做小事，不是因为她不够聪明。有的女人做大事最后却失败了，有的女人做小事最后却成为公司不可或缺的一人，大事也好，小事也罢，每个女人都要找到适合自己的位置，不是继续追寻刺激，而是踏下心来，朝着一个既定的目标前进。在时间的浪潮中你或许沉默许久，但是时间不会白流，你的忍耐换取的必将是成功的降临！

罗曼·罗兰曾说：“只有把抱怨别人和环境的心情，化为上进的力量才是成功的保证。”经受别人的考验、提升自身的张力，你才会在人头攒动的人海中脱颖而出。忍耐往往是痛苦的，然而正是因为女人有了能够忍受痛苦的气质，才得以从人群中脱颖而出，若想做个成功的女人，就要学会忍耐，就像这句话说的：“你能把忍功夫做到多大，你将来的事业就能成就多大。”

大胆抉择，勇敢给自己一个改变的机会

有句话说：“越是犹豫，你的选择就可能越糟糕。”犹豫，不仅是思想不坚定、认识不清楚的表现，更是一种浪费时间的无用行为。有些人可能会说，犹豫是因为有些事很重要，要三思而后行，这样才能做到万无一失，而实际上，如果是你认定的方向，就应该大胆抉择，如果你对某件事不清楚，那么也不妨果断选择一个，你既然不清楚，那么思考的结果还是不清楚，又何必伤那份脑筋呢？

有很多女人不是因为事情的重要与否才产生犹豫不决的行为，而是她本身做事便是“前怕狼，后怕虎”，总是怕自己做出错误的选择，而犹豫的结果往往就是她不想选择的结果。女人是很奇怪的动物，有思想却又被思想牵绊，有欲望却常常不知道自己到底想要什么，其实人类

在某些方面还不如原始的动物聪明些。狮子、老虎是食肉动物，它们知道饿了就要捕食，累了就休息，而人不然，吃饱了穿暖了还是嫌不够，总是希望积累更多的财富，然而到临死之时，还要为自己的钱财怎样处理而发愁。狮子如果看见猎物从眼前跑过，绝对会立刻追上去捕杀，因为它很明确自己的目的，而如果换成是人，可能还要掂量一下猎物的肥瘦、衡量一下自己的能力、看看周围的形势、想想抓住猎物的方法……还不等你想好一个，猎物早就没影了。

从心理学角度看，做事优柔寡断、犹豫不决是意志薄弱的表现。意志是人的意识的能动作用的表现，它是人在认识客观事物时，自觉地确定行动目标并选择适当的手段，通过克服困难达到自己预定目标的心理过程。意志薄弱，就是欠缺意志的抵抗力，故而又称意志欠缺。它的典型表现就是容易被外来暗示所左右，感情脆弱，胆小怕事，缺乏主见，无法自做决定，即使已经决定，也常常反悔。尤其是面对多种选择时，更是惶恐不安、束手无策。

意志薄弱的女人在工作中常常拖拉，完成工作任务时不够积极，很多好的思想也在她犹豫要不要和老总谈、要不要主动发言、要不要先和同事商量的思想斗争中被时间湮灭了。工作总是要干的，现在的进度过去了，你再好的意见也是废话一堆，犹豫就是这样让你永远处于默默无闻的角色，如果不摒弃它，你将永远被困扰，永远没有“向高处走”的机会。

不仅如此，在生活中，犹豫的女人更是可悲的，本来自己的生活就要自己主宰，对错与否都是生命的一个过程，经历了总比眼睁睁看着它

失去要让人欣慰，而有些人偏不然，她们只好自己品尝犹豫的苦果，但愿这样的女人经历过几次，可以有所悟，从而能够积极改变自己。

很多女人面临选择时都会惶恐不安，她们不知道怎样选择是正确的，或许她们两样都想选而不能最终决定要选择哪个，她们犹豫不决，束手无策，而机会就在她们一转身、一叹气的过程中溜走了。其实，无论工作或是生活，都不需要我们去思考过多，正确的做法和正确的选择古人早就为我们总结了不知多少，而有些女人就算知道理智上的正确选择，却也往往因为利益、喜好而进行到底要怎样选择的挣扎。或许很多女人都有这样的经验：有时候，你越想思考周全，防止纰漏，结果却越事与愿违。要知道，生活中原本需要非常谨慎的事并不太多，就算是真正的大事，也很难找到万全之策，一再犹豫不会使事情自动向好的方向发展。

有些女人面对跳槽或者工作方案的定夺，更是会显出犹豫的心理。她们不知道是该舍弃目前的工作或者方案，还是去追求新的东西，这样的女人一方面对新工作感兴趣，另一方面又害怕放弃目前的工作会给自己带来很大的损失，她们患得患失，反复权衡，难以从大局出发，立下决心。这样的心理往往会导致两相权衡时莽撞从事，而最终错误做出转换工作的决定。所以说，在把握好自我的基础上，大胆地做出选择并没有什么，不要让“犹豫”成为你人生的羁绊，想做就勇敢地去做吧！

第四章

生活心理战术：善待自己，就是热爱生活

女人，是半个世界，不可缺少的半边天。家庭中的女人，承担着生儿育女的重任，要当孝女，也要做贤妻良母，工作又忙又累，回家还得做饭、洗衣、拾掇屋子。生活是沉重的，做女人，工作、家务、孩子就是主旋律，然而女人的生活更应该是多彩的，做一个懂得生活的女人，用一种淡然的心态活着，要在照顾好家人的同时也照顾好自己……

女人，因善良而美丽

心理学家说，心态和心理紧密相连，通过一个人的心态，就能够看到这个人的心理和本性。每个人的心里都有善良的因子，都渴望与人真诚交往、和善相处。人世间最宝贵的是什么？雨果说得好：与人为善。

与人为善是做人的一种积极和有意义的行为，它可以为自己创造一个宽松和谐的人际环境，使自己有一个发展个性和创造力的自由天地，并享受到一种施惠与人的快乐，从而有助于个人的身心健康。与人为善可以给我们带来好心情，还可以给我们带来身体上的健康。处处与人为善，严于律己，宽以待人，就能建立与人和睦相处的基础。卡耐基说，你怎么对待别人，别人就会怎么对待你。这就教育我们，要待人如待己。在你困难的时候，你的善行会衍生出另一个善行。

曾经听到别人讲过这样一件事：

那天跟老公幸运地订到了票回婆家，上车后却发现有位女士坐在我们的位子上，老公示意我先坐在她旁边的位子上，却没有请这位女士让位。我仔细一看，发现她右脚有一点不方便，才了解老公为何不请她让出位子。他就这样从SZ一直站到XN，从头到尾都没向这位女士表示这个位子是他的，下了车之后，我心疼地对老公说："让位是善行，但从SZ

到XN这么久，大可中途请她把位子还给你，换你坐一下。”老公却说：“人家不方便一辈子，我们就不方便这几小时而已。”听到老公这么说，我相当感动，有这么一位善良又为善不欲人知的好老公，让我觉得世界都变得温柔许多。

心念一转，世界可能从此不同，人生中，每一件事情，都有转向的能力，就看我们怎么想、怎么转。我们不会在三分钟内成功，但也许只要花一分钟，生命就会从此不同。

与人为善并不是为了得到回报，而是为了让自己活得更快乐。与人为善其实极易做到，它并不要你刻意做作，只要像水一样有一颗平常心就行了。与人为善使你有一种充实感，你知道没有很多人会故意和你过不去。与人为善不仅给你财富，还使你拥有被他人喜爱的充实感。

在心底长存善心，常留善念，你的心态就会更为平和。播种善良，才能收藏希望。一个人可以没有旁人惊羡的姿色，也可以忍受“缺金少银”的日子，但离开了与人为善的心理，却足以让人生搁浅和褪色——因为善良是生命的黄金。

多一些善良，多一些谦让，多一些宽容，多一些理解，你的生活就会多一些色彩，多一些收获。善良的心是人生之路上最美丽的那朵花，是一个人获得美满人生的宝贵资本。

有容乃大。宽容是一种博大而深邃的胸怀，是人类的最高美德之

一。宽容也是心理健康不可缺少的“营养素”。宽容是一种社交的艺术，更是一种做人的态度和人格的涵养。中国自古以宽容为美德，故有“将军额头可跑马，宰相肚里能撑船”的说法。

宽容待人，于己于人都有利。人就这么一辈子，做人要豁达大度，宽容多一点，烦恼就会少一点。以宽容的心态待人，是一种利人利己、有益于社会的品质。

如果我们能爱心永存，真诚待人，宽容待人，就能尽可能地多赢得别人的好感、信赖和尊敬，就能更好地与周围人和睦相处，就能在人生旅途中顺利愉快地航行。

欲望与贪婪，美酒和毒药

人们经常用“贪心不足蛇吞象”来形容贪婪使得人心不知足的现象，生活所能给予每个人的总是有限，可是有些女人的欲望却是无限膨胀的，当生活给了她们某种获得时，她们会期待得到更多；当生活满足了她们的这一欲望之时，她们又会产生更多的欲望……最终，当生活对她们的给予达到极限，而她们的欲望却继续无限膨胀之时，她们面对的就只能是无尽的失望和满怀的苦恼。

人们常说“欲壑难填”，一旦陷入欲望的沟壑当中，无休无止的欲望就会使人们变得倍加贪婪。很多女人就是如此，贪婪的欲望经常会控制女人的思想和行为，使女人在欲望面前不懂得适可而止，而且总认为

自己的付出与获得不成正比，总是希望以最少的成本获得最大限度的回报。于是，为了满足自身的贪婪欲望，为了求得心理上的“平衡”和欲望的满足，她们又会不停地索取，不停地追逐。一旦通过正常的途径不能满足自己的欲望，她们就会铤而走险，不惜牺牲他人的正当利益。

老子说：“祸莫大于不知足，咎莫大于欲得。”灾祸没有比贪得无厌更大的，过失没有比贪得无厌更严重的。老子劝导人们要知足、节制，合理取舍，有所为、有所不为，只有这样才能真正感受到生活的快乐和满足。然而有些人却偏不如此。

有一个人，干什么事都喜欢占小便宜，在花钱买东西时更是如此。

有一次，这个人和朋友一起去买衣服和鞋子。他们来到商场后，告诉营业员要为他拿最大号的衣服和鞋子。营业员问他：“请问先生您是给自己买，还是要送给别人？”他回答说：“当然是给我自己买，我为什么要买这些东西送给别人呢？”营业员微笑着说：“我看您身材适中，穿中号衣服应该就可以了，如果穿大号的话就会使您整个人看起来不太精神。鞋子更是要大小合适穿着才舒服，您的脚应该没有那么大吧？我帮您拿一双22号的鞋，您试一下，看看合适不合适？”

听完营业员的话以后，这人仍然不改初衷，执意要最大号的衣服和鞋子。朋友和这人走出商场以后，觉得他的做法十分奇怪，于是便好奇地问道：“为什么要买这些不合身的衣物呢？”结果这人回答：“既然大小号都是一样的价钱，为什么不买大一些的呢？”

这个人几乎一生都没有穿过合身的衣服和合脚的鞋子，总是穿着一身超肥超大的衣服和一双又肥又大的鞋子在人群中不停穿梭。他只在乎

衣物的用料是否最多，却不考虑自己穿着是否舒适。

这个人着实让人感到可笑，似乎占便宜这件事比自己的一切都更加重要。仔细想想，在我们的生活中，也确实存在不少这样的人。很多女人买东西，不看看有没有用，只要是便宜的、打折的，就毫不犹豫地往家里搬；还有一些女人，自己的老公已经对她关怀备至了，可是她偏偏要和朋友比这比那，凡是人家老公做到的，自己老公也必须要做到，殊不知，人和人对感情的表达方式是不同的，这样逼着心爱的人去做他不喜欢的事，只为了满足自己贪婪的心，岂不是亲手给爱情降温吗？

不论什么样的鞋子，合脚最重要；不论什么样的生活，适合才算好。世界上的东西有千千万，你不可能全部得到，面对现实，放弃那些华丽而不切实际的奢望，找到真正属于自己的轻松与自在，这才是一个普通人应该寻求的幸福。

人生的幸福是要自己用心去体验的，而不是通过外在的浮华去表现的。我们有独立的思想和健全的人格，为什么要被欲望所驱使？为什么要为难自己？现实当中拥有的，我们应当万分珍惜；不曾拥有或已经错过的，我们必须学会释怀。对于生活的给予，知道满足，便能获得快乐；对于自身的要求，知道停止，则能永远怡然自得、不取其辱。

美容真的会让你越来越漂亮吗

中国有句古话叫作“士为知己者死，女为悦己者容”，意思是说：男人愿意为了知己和了解自己的人去死，女人愿意为了欣赏自己的人去打扮。可见，女人对自己的容貌有多么重视，现代女性为了更多地得到别人的肯定、认可而乐此不疲地学习化妆，做美容、美体，只要能够让自己变美，即使开刀、整容都勇敢地去尝试，女人的这种勇气不能不让人佩服。

从医学上讲，美容其实属于健康保养项目，它在古代已有雏形。古代女人喜欢在洗澡的时候加入一些花瓣，以此来滋润自己的皮肤，这就是著名的“花瓣浴”，即使现代社会也还是有很多女人保持着这样的爱好。古代的女人没有众多的化妆品可用，便把花瓣碾碎来涂抹指甲，用炭来画眉，用胭脂水粉来美化自己。而现代女人也不过是把这些化妆方式进行升级，变化的样式更多、形式更花哨而已。

心理学家曾经调查发现，化妆能够让女人心情变好。当一个女人不开心时，画一个简单的妆，当女人从面前的镜子里看到一个愁眉苦脸的人一下子变得美不胜收时，眼睛不禁一亮，心情也会跟着好起来。这可能也是男人爱美女、女人爱帅哥的原因吧，毕竟爱美之心人皆有之。

每个人对美容的理解各不相同，但是总的概念来说又是一样的。心理学家认为，很多人有着一种叫作“体相障碍”的心理问题，简单地来说体相障碍是自己对自己躯体的外在形状的不接受而造成的心理上的问题，大多是对自己的身材肥胖、消瘦和高、低的不满意，然后就是对

乳房、喉结、胡须、生殖器等部位的性体相障碍，男女各半。这样的人一般是因为不能接受现在的自己，或是沉浸在过去的美好回忆中；也有的是喜欢幻想未来，唯独对现在的自己不能接受；当然也有部分是对自身躯体方面的不接受。而美容，就是在自己的努力或者别人的帮助下，接受和认同自己的过程。美容，不仅可以让自己看上去更漂亮，气色更好，也能够影响到人的心理，使人感到快乐、被赞美、被喜欢。

现在的社会中美容是一件非常普遍的事，而并非有“体相障碍”问题的人才会去美容。美丽的女人吸引别人眼球，让同性嫉妒、异性赞叹，所以让自己变得更美就成为女人毕生所求。

女性美容的主要原因是希望自己变漂亮，但是究其更深层次的原因大多却是因为心理自卑。俗话说“自信的女人最美丽”，很多女人对自己的身材、容貌或者家庭背景、学历学识感到自卑，从而期望能够通过美容来提升自己的受欢迎程度和自信程度，希望通过完善自己躯体层面来取得优势。这些人中有些是后反弹受到心理打击，在婚姻不美满的女性也比较多见；也有为了取悦某一个人，特别是女孩为了男朋友减肥的很多；容易受社会风潮影响的、追求完美、有强迫症个性的、有精神分裂倾向的也不乏人在。当然这无可厚非，美容的确有这种化腐朽为神奇的强大功能。只是凡事都要有个度，过了就适得其反了。

有位心理学家说：人生是个心理过程，而非逻辑过程。同样在某种意义上，美容是个心理过程，而不是技术过程。目前美容虽然是生活中的一个热门话题，但人们总是从化妆护理或开双皮、抽脂肪等外在因素去认识它。许多专家也往往只重视这些技术方面的研究。不少资料证

明，甚至国外较有成就的专家，也只停留在这一层面。其实，这是对现代美容较肤浅的认识，或者只是了解了美容的某个侧面。

现代美容不仅包容了化妆、护理、减肥等改变人外在形体的技术和理论的形象美容，更重要的是，它还有着心理学的内容，即从心理的角度去开掘人心灵深处的隐私、疏导郁结的心境、激发对生活的信心，从而营造达观、欢愉、向上心情的心理美容。

女人在进行皮肤保养、美化外表的同时，应当把注意力更多地放在美容自己的心灵上面。一个人的快乐与幸福，一个家庭的和睦与美满，不是光靠漂亮脸蛋就可以的，女人只有在自己心情愉悦、心理满足的情况下才能更好地去体味美容的乐趣、生活的乐趣以及工作的乐趣。

很多结了婚的女性朋友不把美容当回事，认为自己结婚了还保养这些干吗？给这类女性朋友一些忠告：要想自己丈夫不在外面采野花，就一定要好好保养自己。而且女人比男人衰老得快。当自己真的成为黄脸婆时再去补救就太迟了！作为一个女人，要有一套自我保养与化妆的小窍门，这样才能与时俱进。

像热爱生活一样热爱学习

会生活的人都知道，生活是一门大智慧，生活中的知识是人类最需

要的知识，生活中的智慧是人类最高尚的智慧，而女人，往往是生活的主宰者。男人总是喜欢说“女人头发长见识短”，事实上，在这个世界上男女各有分工，女人在自己扮演的角色中少有失职，女人是生活的强者，可以说，有女人才算是有生活。

男人喜欢和女人共同生活，一是因为异性相吸，二是因为女人确实是生活的好手，她们的存在往往可以使男人全身心投入到工作和自己喜欢的事业中，所以也有这样一句话：“成功的男人背后都有一个伟大的女人。”无论单身还是已婚的女性都希望生活在自己的打造中变得有声有色。我们知道时间是不可逆转的，时代是向前进的，科学会进步、知识不断更新，人们的生活更是日新月异。生活也是如此，生活的智慧和学问也在悄然发生着变化，或许过去的生活技巧放到今天依然适用，但是生活理念和生活态度的改变，却需要每个女人自动地去适应、去调适。生活不是一成不变的，一成不变的只有人的思想，思想变了，生活自然跟着变化。女人，就是要寻找这些变化、抓住这些变化，幸福地生活。

这天，是一所大学期终考试的最后一天，也是最后一门课的考试。在教学楼的走廊上，一群挤作一团的大四学生正在讨论着即将开始的考试，他们脸上充满了自信。这是他们在校的最后一次考试了，他们中的有些人已经找到工作，有的即将得到工作。带着四年在学校学到的知识，他们相信自己已经准备好了去接受社会的挑战。

他们知道这场考试将会是“小菜一碟”，因为教授说过，他们可以带任何书或笔记，只要不交头接耳就可以了。

他们兴冲冲地走进了考场，当教授把试卷发下来后他们的笑容更灿烂了，因为只有五道题目。

三个小时过去了，考试就要结束了，教授已经准备收试卷了。此时大家看起来已不再那么自信了，他们脸上是一种焦躁不安的神情，没有人说话。教授看着他们问："完成五道题的有多少人？"没有一个人举手。教授又问："完成4道的有没有？"还是没人举手。

"三道、两道呢？"学生们此时有些不安了。教授又问："那做出来一道的总该有吧？"但教室仍是一片沉默。教授继续说："这其实正是我期望的结果，我想让你们知道，即使你们已经完成了四年的大学学习，但你们不知道的还有很多，仅仅是专业上你们也还有很多不知道的。"然后微笑地对他们补充道："你们都会通过这次考试，但请大家记住，即使你们已经毕业，你们学习的路程也只是刚刚开始，你们需要用一生去学习！"

对于一个人来说，一生需要学习的东西是非常多的，而一个人的精力又是有限的，因此我们要有选择、有规划地学习。再好的东西都有度，与其贪多嚼不烂，还不如把有限的知识融会贯通，融入自己的生命。学习，不在于能记住多少，而在于能悟到多少。只要你对某一领域感兴趣，长久地坚持下去就会成功。

有位哲人曾说过：如果一个人能用10年的时间用心地研究一门学问，或学习一门手艺，或从事一个职业，他一定能成为这个领域的专家。在这个世界上各个方面都很棒的"全才"几乎是没有的。一个成功的人不必每个方面都是第一，只要一个方面用心去钻研，有过人之处，

他就是最棒的！有时候，做自己喜欢的也是很重要的，作为女性，很容易被世界上的新奇事物所吸引，经常会跟着时尚走，在这个知识泛滥的年代，用心去学习一两样有用的东西远比事事知道、事事不懂要强得多。

学习是人生中最重要的事，如果一个人不懂得学习不懂得提高完善自己，我们还能对他抱有什么期望？在当前这个社会中，知识在一天天升值，学习一天比一天更重要。一个人只有在不断学习的时候才会知道自己的不足。只有不断学习、不断提高自己的人才能找到自己的坐标，才能找准自己人生的方向。在学习中感受成功的喜悦，在喜悦后体味不断学习的收获！纵观历史，每一个有卓越成就的人必然是一个不断学习、不断追求的人。一个人只有看到了自己的不足并能通过不断学习去弥补这些不足，才能一步步地走向成功。 成功是靠不断学习、不断积累才能获得的。

心理课堂

多萝茜·比琳顿说：“我们今天知道的东西到明天就会过时。如果我们停止学习，就会停滞不前。”

学习是自己的事，如果你的学习是在别人的逼迫下进行的，那么你现在首先要做的是端正你的学习态度，要认识到你的努力不是为了别人。学习是要付出艰辛努力的，要认识到你的汗水是在为自己而流的，你的努力是为了让自己生活得更好。自己永远是学习的最大受益者。

饮食心理知多少

华夏五千年的历史铸就了中国绵延博大的文化，自古“民以食为天”，“吃”的文化在中国是全民普及、人人嗜好的。中国的饮食一向以清淡、营养为主，讲究“色香味”俱全，古代很多人没钱拿药看病，都是靠“食疗”来滋补身体，当然食物是每个女人每天都要接触的、最直接的营养和能量摄入途径，也是从内而外调理身体的根本环节。然而自从欧美一些快餐文化进入中国后，油炸食品、高热量食品大量占据了中国人的餐盘，再加上快节奏的生活方式、缺乏足够的锻炼，人们的体质变弱不说，高血糖、高血脂等病症的比例更是大幅度提高。

都说女人是“水做的”，不仅仅因为女人“眼泪多”“感情丰富”，也有一部分是因为女人的“皮肤如水”，光滑而富有弹性，水嫩嫩的。看着仿似能够“挤出水来”的皮肤，一定是晶莹剔透的，试想除了天生丽质的部分，后天需要多少的保养才能够达到如此地步。现在的女人最崇尚的就是去美容院，从头到脚每个部位都要保养到，美容师也是大肆吹嘘自己的保养品是多么的有效果、绝对纯天然纯植物，其实女人大可不必过早地依赖这些东西，既然好东西都是从植物中提取出来的，为什么不直接在饮食上下手，从内而外地健康自己呢？

心理学家研究发现，人的心理状态和情绪都会对人的饮食产生影响。尤其是作为女性，本身就拥有着比男人更丰富的情感、对周遭环境也更敏感，情绪起伏比较大，所以更容易从饮食上下手，平和自己的心态或者缓解压力。美国科学家发现，含糖量高的食物对忧郁、紧张和易

怒行为有缓解作用；倘若女人遇到难题，思虑过度或紧张不安，甚至招致严重失眠的话，不妨在睡觉前吃点香蕉，喝点脱脂牛奶或加蜂蜜的麦粥，这些香甜可口的食物会帮助女人顺利入眠，且能睡得更安稳。

心理学家说：当女人的心理压力过重、情绪欠佳之时，体内所消耗的维生素C会比平时多8倍。此时应该多吃一些含高维生素 C 的新鲜水果和蔬菜，或者服用适当的维生素 C 片，这样会有助于消除精神障碍，使心情得以好转。而像粗粮、谷类、动物肝脏和水果等对缓解心情不佳、沮丧、抑郁症都有很好的效果，这些食物中富含大量的维生素B，而B族维生素类有一种烟酸更能减轻焦虑、疲倦、失眠及头痛症状。当你忽然遇到某件事想发脾气的时候，吃一些富含钙质的食物，如牛奶、乳酪、鱼干及虾皮之类，或者直接服用肠道容易吸收的钙片，过不了多久，你便会感到自己的脾气变得好了起来。

女性朋友在日常的饮食中如果能够注意到这些细节，不仅可以时时保持快乐的心情，还能使自己心态平和，待人处世大方宽容，对于身边亲朋来说都是一件幸福的事。

很多女人都有这样的经历，每次心情不好，无处发泄，就会拿食物来出气，一方面大吃特吃，一方面又不注意量的多少，结果停下来的时候已经撑得不行了。再者心情失落的人总是喜欢吃一些口味重的食物，这些高糖或者高盐的食物对人体本身就是一种伤害。所以，一个人无论处于多么生气的状态，都要控制自己的食欲，如果真的很想吃东西，可以选择一些能够改善情绪低落的食物，如水果和清淡的流食。

人类对“食物”的需求从最早的“果腹”“吃饱”发展成为今天的

一种文化、一种享受，是时代的进步，也是人类的进步。除了人本身的“胃”所传达的饥饿感之外，心理因素的影响也是不容忽视的：如食物对人的感官刺激，色、香、味俱全的食物往往更能引起人的食欲；也有些人对食物有自己的喜好和需求，对于他们喜好的食物就会多吃一些，对于他们不喜欢的，可能会表现出排斥和放弃进食的行为；还有饮食习惯、饮食氛围和饮食文化等都会促使人产生各自不同的饮食需求。所以女性朋友在选择食物的时候，不能单单被自己的习惯所束缚，要均衡营养，更要吃得舒心、愉快。

人们在开心和不开心的时候，都喜欢用吃东西的方式来庆祝和解压，这个时候也往往是人的思想最松懈的时候，很容易打破自己平时养成的好的饮食习惯而暴饮暴食，怎样控制负面情绪对食物的左右呢？

（1）出门快走。美国加州大学的一项研究认为，爱吃零食的人如果在担忧时能快走上5分钟，他们对于零食的注意力就会大大分散，因为快走能提高血液中的复合胺含量，使人心情愉悦，从而有效缓解焦虑。只需要短短5分钟，就能抑制住自己暴食的冲动，何乐而不为呢？

（2）学会放松自己。美国俄勒冈大学健康与科学系的最新研究发现，超重的女性如果每天通过各种方式放松一下自己，如冥想、做瑜伽或者写日记，那么无须刻意节食，一年半以后，她们平均会减掉10斤左右。医学专家认为，这可能是因为这些自我放松的方式就像一个缓冲器

一样，能帮助缓解压力，使她们不会吃得过量。

（3）掌握过度饮食时间。美国北卡罗来纳大学查普希尔分校的一个专门针对暴食者的研究项目认为，人最容易暴食的时间是清早和快到傍晚的时候，因为这段时间通常是人体紧张和压力感最强的时候。所以，想要控制饮食，这段时间最好离厨房和一切能找到食物的地方远些。

别让懒惰和拖延遮住你的光芒

寒号鸟的故事相信大家都曾经听过：

有一只寒号鸟，它非常懒惰，不愿自己做窝，便把山脚下一条石崖的缝隙当作自己的窝。石崖前面有一条河，河边有一棵大杨树，杨树上住着喜鹊。寒号鸟和喜鹊面对面住着，成了邻居。

几阵秋风，树叶落尽，冬天快要到了。

有一天，天气晴朗。喜鹊一早飞出去，东寻西找，衔回来一些枯枝，就忙着垒巢，准备过冬。寒号鸟却整天飞出去玩，累了回来睡觉。喜鹊说：“寒号鸟，别睡觉了，天气这么好，赶快垒窝吧。”寒号鸟不听劝告，躺在崖缝里对喜鹊说：“你不要吵，太阳这么好，正好睡觉。”

冬天说到就到了，寒风呼呼地刮着。喜鹊住在温暖的窝里。寒号鸟在崖缝里冻得直打哆嗦，悲哀地叫着：“哆罗罗，哆罗罗，寒风冻死我，明天就垒窝。”

第二天清早，风停了，太阳暖烘烘的。喜鹊又对寒号鸟说：“趁着

天气好，赶快垒窝吧。”寒号鸟不听劝告，伸伸懒腰，又睡觉了。

寒冬腊月，大雪纷飞，漫山遍野一片白色。北风像狮子一样狂吼，河里的水结了冰，崖缝里冷得像冰窖。就在这严寒的夜里，喜鹊在温暖的窝里熟睡，寒号鸟却发出最后的哀号：“哆罗罗，哆罗罗，寒风冻死我，明天就垒窝。”

天亮了，阳光普照大地。喜鹊在枝头呼唤邻居寒号鸟。可怜的寒号鸟却在半夜里冻死了。

每个人的心中都有梦想，但千万不要像寒号鸟那样，让懒惰阻碍我们美梦的实现，从安逸的生活中跳脱出来吧，抛开对颓废生活的眷恋，试着做一个勤快的女人。

寒号鸟的懒惰让它尝到了苦果，人也一样，你今天偷懒，明天就要赶工，持续的懒惰只会毁掉你未来的生活。懒，也就是惰性，是每个人身上都存在的缺点，它的存在并不可耻，我们也没有办法根除它，但是，作为有思想、有能力的人来说，我们要正视它的存在和负面作用，用自己的勤劳来战胜它。

从小我们就知道，勤劳是一种美德。只有在春天勤快地耕种，才能在秋天收获丰硕的谷子。然而，人天生就有一种惰性，总是喜欢偷懒。学习的时候累了，偷个懒吧，看看电视，吃吃零食；工作的时候乏了，偷偷懒吧，泡杯咖啡，看看报纸；锻炼的时候没心情了，给自己放个假吧，休息一天……其实，适当的休息对我们的工作生活是有好处的，但是这种“休息”次数多了就会养成习惯，这种习惯会给我们造成两个不好的影响：一个是会造成我们行为上的“偷懒”，另外一个就是思想上

的“懈怠”。

我们都有这样的经历，冬天的早上很冷，本来闹钟在6点钟就响了，但是我们非常不情愿起床，总是一拖再拖，拖到实在不能拖的时候再起。起床之后急急忙忙的，很可能耽误了上学和上班的时间。虽然这种懒惰有一定的外部原因——冷，但是多数还是我们自己思想中的懒惰因子在作怪。因为每个人的头脑中都有这个懒惰因子存在，而我们不能任由它为所欲为。

有个老木匠向老板递了辞呈，准备离开建筑业，回家与妻子儿女享受天伦之乐。老板舍不得他的好员工离开，问他能否帮忙建最后一座房子，老木匠欣然允诺。但是，显而易见，他的心已不在工作上，他用的是废料，出的是粗活。

等到房子竣工的时候，老板亲手把大门的钥匙递给他。“这是你的房子，”他说，“我送给你的礼物。”

他震惊得目瞪口呆，羞愧得无地自容。如果他早知道是在给自己建房子，他怎么会这样漫不经心、敷衍了事呢？现在他只好住在一座粗制滥造的房子里！

我们有时就像那个老木匠，意识不到自己正在建造的是属于自己的房子，所以漫不经心，拖拖沓沓，等到自己惊觉的时候，这座破房子早已经建好了，也就只好凑合着住，凑合着生活。时光不会倒流，日子总是向前过的，今天不勤快工作，明天就不得不过困苦的生活。

那么，从现在起，放下那些安逸的思想，让我们的生活紧张起来，把我们未来的生活想象成一所房子吧，无论是一颗钉子还是一块木板，

都要用自己的双手牢牢地固定住。只有这样，未来的我们才会有牢固的房子可住。

人生没有回头路，进退并不全由自己，所以努力便要趁早。当别人还在喋喋不休地抱怨冬日的寒冷时，你却已经走在通往成功的路上，这不就是你放下懒惰最好的回报吗？放下懒惰，努力奋斗，因为只有奋斗才能改变命运，你不需要总羡慕别人的优秀，只要你肯努力，你同样可以很优秀。

所谓“十年磨一功”，懒惰是成功路上最大的敌人。在人生漫长的旅程中，我们要时时提醒自己，刻苦勤奋，战胜懒惰。不然就会像可怜的寒号鸟一样，在瑟瑟的寒风中被冻死。

友情，为女人的心灵注入健康活力

心理学在生活中的应用真是无处不在，心理学对女人生活的影响更是每一个女性朋友都不能忽视的。一个人心理的健康程度决定着他的生活质量和对幸福的感受能力，心理学可以说是没有战火的武器，很容易走火，杀人于无形。尤其对于女人来说，本身脆弱的神经加上敏感的心，心情起伏不定，若是不能做好自我调节，便很容易陷入消极的自我暗示中。

生命能够承受多大的重量，生命有着怎样的韧性，其实我们常常是弄不清楚的。人的心就像皮筋一样，有弹性、有韧性，但没有张弛的结合，很快便会失去本身的弹性。女人该怎样让自己的心灵得到休息，永远保持最大的韧性呢?

都说人是群居动物，其实女人才是天生的群居动物，女人最害怕孤独，所以无论逛街、看电影还是吃饭、买东西，都喜欢有人陪着，很多女性连上厕所都不喜欢一个人。的确，女人是需要陪伴与关怀的，但是当恋情的热度已经退却，当经历了婚姻、生育的特殊体验之后，在女人还沉浸在从前的快乐中时，现实的烦恼和困惑已经把她们重重包围起来。当女人把这些烦恼与男性朋友分享时，往往会被轻描淡写地打发过去；当你忍不住和老公念叨的时候，却被他不耐烦的语气和不关心的眼神寒了心。怎么办呢? 是不是觉得自己很孤单，顿时心理就变得黑暗起来，如果刚巧遇到些麻烦事，可能一下就会被打垮。

告诉你们，这时候对你来说最好的药就是找个女性朋友好好聊一聊。或许因为同是女性，或许曾经你们有过相同的经历，不管怎样，绝大多数女人会对同性产生信任和依赖感，因为这是一个与自己完全相同的群体，她们能够理解和体会你所有的悲伤和喜悦。

美国心理学家开瑞·米勒博士也曾经说过“女性的友谊有助于她们的心理健康”。在一次调查报告中公布，87%的已婚女人和95%的单身女人说，她们认为同性朋友之间的情谊是生命中最快乐、最满足的部分，为她们带来一种无形的支持力。这种亲密的关系，作为一种预防性措施，一种对于免疫系统的支持，能够降低疾病对你的威胁，无论是头

疼脑热还是心脏疾病以及各种严重的身体失调等。也就是说，一个人要保持身体健康，不仅需要锻炼身体和正确的饮食，同时更需要加强对友谊的维护；由于女人和同性之间的沟通更开放、自然，并且能够给予对方同等的回馈，所以这种亲密关系更容易在女人和女人之间产生。

在你孤单寂寞、满腹心事的时候，找个姐妹当你临时的情感垃圾桶，是你排解烦恼、缓解压力的好方法。如果你现在正处于一种自己不满意的状态，请试一试这个方法，会有惊喜等着你的。

心理学家说，人心的力量有多大，你试一试就知道了，关于人的心还有许多我们未知的潜在力量。在吵闹的世间苦苦打拼，人的心灵得不到片刻宁静，偶尔我们也应该放松一下，给自己沉重的心找一个出口。如果能够保持自己快乐轻松的心境，找个同性好友倾诉一番，在她那里寻找些共鸣，寻求些理解。在反思、平静、轻松中调整人生的方向，为了接下来的梦想继续启航。

善变是一种本性，随机应变是一种本领

女人总以为自己足够了解自己，以为知道自己的能量和价值应该如何开发和体现。可是，在现实生活中，女人却经常把太多的能量用到不能充分发挥和体现自身价值的地方——本可以成为一名好厨师，可是却

以为自己因此就可以开一家餐饮公司；明明不善于表达，可是却非要坚守着“传道授业”的教师工作不肯放手；广泛的人际关系网络和出色的表达能力大可以使她们在销售领域做出一番成绩，可是仅仅因为当初上大学的时候学的是计算机专业，就要在自己并不喜欢的计算机维护工作上碌碌无为！

在选择事业发展道路的过程中，每个女人都应该明白，在错误的轨道上运行得越久，在不适合你的地方浪费的时间越多，所付出的各项成本就越高，最后越是无法下决心放弃，你离预期的理想就会越来越远，这有点像古代寓言中“南辕北辙”的道理。懂得放弃，能够根据自身情况及客观实际的发展和变化适时调整自己的事业发展方向，抓住机会挑战自我，对于人们的事业发展具有非常重要的作用。

“一条路走到黑”并不是什么聪明的做法，在职业发展的道路上，女人可能会遇到各种不同的工作机会，虽说“人往高处走，水往低处流”，但是偏偏有些女人认定自己手里端着的是个“铁饭碗”，不敢轻易尝试其他工作，结果好的就是一辈子做着同样的工作，结果不好的说不定哪天公司裁员的名额就落到了她的头上。

虽然频繁地跳槽对于女人来说并不可取，但是对于那种毫无前途可言或者自己极其排斥的工作不如及早放弃，抓住新的机会。只有那些不断地根据社会的发展和时局的变化而调整自己的发展道路，勇敢地放弃那些已经成为“鸡肋”的工作，并且成功地抓住了一次又一次机会的女人，才能获得事业的成功。

当情况已经发生质的改变时，放弃也是一种策略，懂得放弃是一种

理智。当女人发现在一种行业内成功的机会太少，或者认为自己的现实情况与行业的发展态势并不协调之时，应当及早选择一条更适合自己的道路。如果说坚持到底体现的是一种毅力的话，那么，在这种情况下，及早抽身则是一种最明智的选择！

人们时常感慨心理负担的压力太重，可是却又不甘心“无事一身轻”的孤独。所以说，其实并不是世俗的环境纷扰了我们的内心，而是我们的内心依旧贪恋世俗的浮华。真正能够做到脱离环境纷扰的人实在不多，而一旦我们学会独处，并在独处时能够对我们的内心进行深入而清醒的审视，那我们就不会为纷杂的环境所扰，也不会为世俗的压力所累。

第五章

难以抗拒的心理定律：你可以比现在更出色

女人的心理复杂多变、丰富深邃。其中诸多的心理现象让人琢磨不透，有时甚至觉得匪夷所思。心理世界的奇妙吸引很多女人关注自己的心理现象，虽然对它的出现和发生越来越熟悉，但对心理活动何以这样、遵循什么定律却不一定能说清楚。殊不知，很多时候，正是那些潜在的心理定律在操纵着女人的行动。

选择真正适合你的——手表定律

你是否曾经遇到过这样的情况：如果给你一块手表，那么你一定会无比坚信这块手表所指示的时间；而给你两块手表的时候，你反而会不知所措，因为这两块手表所提供的时间很有可能会不一致，那么你将相信哪一块手表呢？同样，如果在学校里老师告诉你一件事情的正确解决办法，回家父母也告诉你一种办法，你到底该听谁的？这就是德国心理学家发现的一种有趣的心理现象，我们称之为“手表定律”。

手表定律又称为“两只手表定律”或“矛盾选择定律”，是指一个人有一只手表时，可以知道现在是几点钟，当他同时拥有两只手表时，却无法确定。两只手表并不能告诉一个人更准确的时间，反而会让看表的人失去对准确时间的信心。

有时候，人们经常会碰到这样的问题，因为生存环境的不同，价值观的不同，人们衡量一件事或者一个人的标准也是不同的，而如果这些标准全部在一个人的脑子中起作用，那么各个方向均衡的力量只会让这个人陷入混乱，而无法做出任何抉择。

有位哲人曾经说过：“一个女人始终只依照一个标准做事，那这个女人会显得愚蠢；如果一个女人总是同时依照很多标准做事，那这个女

人一定会非常痛苦；如果一个女人可以从众多标准中选择自己想要的，那这个女人一定是幸福的。”这个世界上存在太多的标准，对于同一件事情，每个人的立场不同，观点也就不同，所以，几乎每件事情都能用很多标准来衡量，都有很多参考意见供你选择。在生活中，我们要经常参考他人的意见和标准，但并不是标准越多越好，标准多了，反而会让自己无所适从。

手表定律告诉女人：无论做任何事情，都要有个确定的目标，脚踏实地、始终不渝地去努力，这样才有成功的机会。当两个目标相冲突时，只能放弃一个去完成另一个，这是毫无疑问的。那些同时想做两件截然不同的事的人，必然任何一件事都干不成。

就像尼采说的：“兄弟，如果你是幸运的，你只需有一种道德而不要贪多，这样，你过桥更容易些。”你只需要一只值得信赖的手表，尽力校准它，并以此作为你的标准，听从它的指引行事。如果一味地添加更多的手表，你只会无所适从，这也说明你并没有为自己建立一个基准。你要干什么，你就跟自己设定的手表走，贪婪地添加手表只会让你增加压力，失去方向。

心理课堂

如果每个女人都“选择你所爱，爱你所选择”，无论成败都可以心安理得。然而，困扰很多女人的是：她们被“两只手表”弄得无所适从，身心憔悴，不知道自己该信哪一个。还有一些女人在环境、他人的

压力下，违心选择了自己并不喜欢的道路，为此而郁郁终生，即使取得了受人瞩目的成就，也体会不到成功的快乐。

因此，我们只有坚定一个目标，建立一个标准，才能成功。

千里之堤，溃于蚁穴——破窗理论

“破窗理论”也称“破窗谬论”，源于一个叫黑兹利特的学者在一本小册子中的譬喻。这位学者说：假如小孩打破了窗户，必将导致破窗人更换玻璃，这样就会使安装玻璃的人和生产玻璃的人开工，从而推动社会就业。

美国心理学家詹巴斗曾进行过一项有趣的试验：把两辆一模一样的汽车分别停放在两个不同的街区。其中一辆汽车原封不动地停放在帕罗阿尔托的中产阶级社区；而另一辆汽车则摘掉车牌、打开顶棚，停放在相对杂乱的布朗克斯街区。结果，停放在中产阶级社区的那一辆汽车，过了一个星期还完好无损；而打开顶棚的那一辆汽车，不到一天就被偷走了。于是，詹巴斗又把完好无损的那辆汽车敲碎一块玻璃，结果刚过了几小时，这辆汽车就不见了。

以这项试验为基础，美国政治学家威尔逊和犯罪学家凯林提出了“破窗理论”。他们认为：如果有人打坏了一个建筑物的窗户玻璃，而这扇窗户又得不到及时的维修，别人就可能受到某些暗示性的纵容，去打烂更多的窗户玻璃。久而久之，这些破窗户就给人造成一种无序的感

觉。结果在这种公众麻木不仁的氛围中，犯罪就会滋生、繁荣。

通过“破窗理论”，女人可以得到这样一个道理：任何一种不良现象的存在，都在传递着一种信息，这种信息会导致不良现象的无限扩展，同时必须高度警觉那些看起来是偶然的、个别的、轻微的“过错”，如果对这种行为不闻不问、熟视无睹、反应迟钝或纠正不力，就会纵容更多的人“去打烂更多的窗户玻璃”，就极有可能演变成“千里之堤，溃于蚁穴”的恶果。这将对正常的社会秩序形成剧烈的冲击，并导致社会在某种程度上陷入无序状态。

威尔逊和凯林在提出“破窗理论”的时候，也提出了破解的方法。他们指出了它的必要前提，那就是“没有及时修复”。也就是说，只有在“破窗”没有得到及时修复的时候，“破窗理论”才会应验。

要杜绝“破窗理论”，关键是我们如何去把握环境的这种暗示和诱导的作用。我们平时要做到“从我做起，从身边做起”，这不仅仅是一个空洞的口号，它决定了女人自身的一言一行对环境造成什么样的影响。同时，对于影响深远的“小过错”进行小题大做的处理方式是非常必要的。防止“千里之堤，溃于蚁穴”，是及时修好“第一个被打碎玻璃的窗户”的明智举措。

犯了错误，遭到挫折，这是常见的现象。只要能认真吸取教训，及时采取补救措施，就可以避免继续犯错误，避免遭受更大的损失。因此，在生活和工作中，我们一定要及时矫正和补救正在发生的问题，以遏制问题的蔓延，避免造成无法挽回的恶果。

“破窗理论”更多的是从犯罪的心理去思考问题，任何一项大的破坏和犯罪，都是从“小奸小恶”开始的，小洞不补，大洞吃苦，这已经成为屡验不差的真理。但不管把“破窗理论”用在什么领域，角度不同，道理却相似：环境具有强烈的暗示性和诱导性。

因此可见，环境好，不文明的举止也就会有所收敛；环境不好，则文明的举动也会受到影响。这些都是“破窗理论”的具体表现。“破窗”的出现，助长了人们的几种心理：颓丧心理：坏了的东西没人修，公家的东西没人管，很多人对社会的信任度就会随之而降低。弃旧心理：既然已破废，既然没人管，那就随它去吧。从众心理：法是大家的法，律是大家的律。别人能够走，我就可以走；别人能够拿，我就可以拿。投机心理：“投机”是人的“劣根性”之一，尤其是看到有机可乘或者投机者占到“便宜”的时候。

把精力用在“刀刃”上——不值得定律

班尼斯说：“最聪明的人是那些对无足轻重的事情无动于衷的人，但他们对较重要的事物却总是很敏感。那些太专注于小事的人通常会变得对大事无能。”在生活中，总是为一些美中不足自寻烦恼的女人很多，很显然，这种女人是在平白无故消耗自己的精力，她忘了什么是不

值得做的事，也忘了不值得做的事一定有不能做的道理。

在现实生活中，我们常常能看到女人的一个弱点：避重就轻。虽然知道哪个更重要，但总会找到各种借口和理由去躲避它。当然结果是：味淡的莲子尝了不少，却难得有机会去品尝那香甜的核桃了。

不值得定律告诉女人：人的生命短暂，时间有限，我们必须清晰地认识到哪些事情是最重要的、哪些事情是最值得做的。这样我们才不会拣了芝麻却丢了西瓜，我们的人生才不会那么庸俗、那么碌碌无为。否则，有一天我们终将发现我们所得的远远大于所放弃的东西。

不值得做的事情会消耗女人的时间和精力。因为用在一项活动上的资源不能再用在其他的活动上，不值得做的事所用的每一项资源都可以被用在其他有用的事情上。遗憾的是，大多数女人一直要到她们的生涯走了一大半以后，才开始问这样的问题，也许是因为年轻时并不了解计划一旦开始要花费多少时间才能完成，也不了解我们的时间其实非常有限。

在竞争越来越激励的社会中，女人最大的资本就是你所拥有的时间。注意，你所拥有的时间并不是指你的每一分、每一秒，而是指你能充分利用的那部分时间。许多人、许多事情、许多习惯都在不断偷窃着你的宝贵时间。

一个女人所能获得的成就，由自己所做工作的价值之和决定。花同样的时间所做的工作价值可能不同，有的很有价值，有的价值不大，有的是负面价值。多做很有价值的事，少做价值不大的事，避免做负面价值的事，是一个企业、个人取得最好成绩的关键。

成功的“懒”人，他们所做的事情不一定比别人多，花的时间也

不一定比别人多，但他们做的事情都是真正重要、真正有价值的，他们花在工作上的每一分钟都能换来数倍的回报。从表面上看他们比谁都“懒”，可他们的成就却超过别人，因为他们没有为那些不必要的事情浪费时间。

一个觉醒的人在离开他的公司时曾写下了这样一段话：“是时候了，该走了，该离开这个不能再让我振奋、再给我新知的地方了。我只是惋惜在那对我来说异常宝贵的逝去的时光中我做了不值得的付出。我不想让自己的人生越来越狭隘，也不想继续花时间和心力在不值得的事情上。离开不是因为软弱，不是因为想要被认同，而是因为我要追求我自己的价值，追求值得我做的一切。”这段话很发人深省，在女人的工作和生活中，充满了无足轻重的事情，它吞噬了我们相当多的时间，以至于我们没有足够的时间去做真正重要的事情。有些女人认为她们工作过度，非常忙，是因为一件无足轻重的小事花了太多的时间。

在工作中，应当时刻记住目标，为目标而工作。在做之前，问问自己，这件工作的目的是什么？为什么要做它？它真的有必要做吗？有没有更好的办法？如果一件事情不值得做，还有什么理由要做好它呢？

如果你还有选择的机会，请你问问自己：“如果我将这个构思的潜能发展到极致，是否真的值得呢？”答案如果是“不”的话，那你千万别去做。

三个和尚没水吃，当心消极心理拖累你

在中国流传着一个很久远的的故事，故事的大意是说："一个和尚挑水吃，两个和尚抬水吃，三个和尚没水吃。"简单而言，这就是中国的"华盛顿合作定律"。

关于"华盛顿合作定律"有很多故事：如果你认真观察过螃蟹就会发现，篓子里面放上一群螃蟹，就不必盖上盖子，螃蟹是爬不出来的。因为只要有一只想往上爬，其他的螃蟹便会把它拉下来，最后没有一只能爬出去的。这是什么原因呢？其实，这不是因为螃蟹"安分守己"，不想爬出来；而是因为螃蟹偏爱"窝里斗"，只要有一只螃蟹想往上爬，其他的螃蟹便会把它拉下来，最后没有一只能够爬出去。

为什么在人与人的合作中会出现"一个人敷衍了事，两个人相互推诿，三个人则无法成事"的现象呢？这是因为人与人的合作并不是简单的数量相加，而是会受到很多因素的干扰，关系非常复杂和微妙。如两个人之间只存在一种关系，三个人就会存在三种关系，四个人就会存在六种关系，关系种类是以几何级数增长的。在人与人的合作中，假定每个人的能力都为1，那么10个人的合作结果就比10大得多，但有时甚至却比1还要小。因为人不是静止的动物，更像方向各异的能量，相互推动时自然事半功倍，相互抵触时则一事无成。

现实生活中，很多女人都被"华盛顿合作定律"困住，从心理学层面来看，这是人类消极心理的一种表现。

心理学家进行了大量的实验和调查，结果发现：这种现象不能仅仅

说是众人的冷酷无情，或道德日益沦丧的表现。因为在不同的场合，人们的援助行为确实是不同的。当一个人遇到紧急情境时，如果只有他一个人能提供帮助，他会清醒地意识到自己的责任，对受难者给予帮助。如果他见死不救会产生罪恶感、内疚感，这需要付出很大的心理代价。而如果有许多人在场，帮助求助者的责任就由大家来分担，造成责任分散，每个人分担的责任很少，旁观者甚至可能连他自己的那一份责任也意识不到，从而产生一种“我不去救，自然有别人去救”的心理，造成“集体冷漠”的局面。

“华盛顿合作定律”起源于美国两位心理学家拉塔内和巴利所发现的“旁观者效应”：众多的旁观者分散了每个人应该负有的责任，最后谁都不负责任，于是合作不成功。具体来说，当一个人从事某项工作时，由于不存在旁观者，自然由他一个人承担全部责任，虽然有点敷衍了事，但也还能勉强成事，所以“一个和尚挑水吃”。如果有两个人，虽然两个人都有责任，但是因为有另一个旁观者在场，两个人都会犹豫不决，相互推诿，最后只好“两个和尚抬水吃”。如果有三个或三个以上的人，旁观者更多，情况就更加复杂，关系也更加微妙，彼此之间相互“踢皮球”，结果“永无成事之日”，最后“三个和尚没水吃”。聪明的女人在工作中要尽量避免这种效应的出现，让自己和集体的力量都发挥最大的作用。

透过现象看本质——奥卡姆剃刀定律

“奥卡姆剃刀定律”是由600多年前英国的威廉·奥卡姆的一句格言“如无必要，勿增实体”引申而来的。它的意思是：在我们做过的事情中，可能绝大部分是毫无意义的，真正有效的活动只是其中的一小部分，而它们通常隐含于繁杂的事物中。找到关键的部分，去掉多余的活动，成功就由复杂变得简单了。

奥卡姆说：“切勿用较多东西去做较少的东西也可以同样做好的事情，否则那就是浪费。”“奥卡姆剃刀定律”在欧洲曾使科学、哲学从神学中分离出来，引发了欧洲的文艺复兴和宗教改革，而其深刻意义也在时间的沉淀中变得更加广泛和丰富。

在着手从事一件工作时，要先动脑，想想这件事情的关键是什么，能不能用更简单的方法去做，而不是急急忙忙去动手，以致白白忙碌了半天，却解决不了任何问题。对于同一件事情，有的人能在很短的时间内完成，有的人却不能，这是为什么呢？其中最关键的因素就是两者的思维方式不同，前者遇事喜欢简单化，喜欢用最简单、快捷的方式去解决问题，而后者则拘泥于形式，以为复杂就是完美。将问题简单化，学会运用“奥卡姆剃刀定律”，砍削与本质无关的工作，抓住问题的根本，是女人解决问题时最应该用到的方法。

事实上，学会把问题简单化，才是一种大智慧。

当然，世界上还有其他的人也同样会运用“奥卡姆剃刀定律”，帮助自己取得了成功，知名度最高的就数比尔·盖茨了。这个超级富翁起

家靠的是一个简单的思路，一个看似平淡无奇的点子。过去学习使用计算机，必须学会复杂的计算机程序语言，用的是英文单词、各种符号和公式来表述，不懂英文没法学，懂了英文还要学习复杂的语言规则。语言障碍限制了计算机的普及，使它只能成为专家的工具。而比尔·盖茨只是做了一个看似简单的事情。他把复杂的计算机操作系统变成一看就明白的图形符号，设计出Windows操作系统。用鼠标在计算机屏幕上单击、拖动各种图形、符号，就能使用计算机，使用者不必再学英文和计算机语言。这个由图形、符号组成的操作系统，突破了语言障碍，让计算机走进了千家万户。

比尔·盖茨的软件在造福于我们的时候，我们也造就了这个超级富翁。比尔·盖茨的思路其实很简单，就是把一个复杂的问题简单化，使计算机成为人人都能用的工具，从而开发出一个前所未有的市场。这就如同发明傻瓜照相机，我们不用学习对焦、调整光圈、速度，一按快门就行了。

我们身边往往有一些女人，她们吹毛求疵，好高骛远，一叶障目，不见泰山。遇到了问题抓不住解决问题的关键，把不是问题的问题当作解决事情的关键，往往只会把事情越弄越糟。

“奥卡姆剃刀定律”教给女人一种简单而成功的处事态度——一个人遇到事情的时候，不能只知道按照自己心里想象去做，却不关心问题的根本在哪里，盲目地去做结果就不是事倍功半而是白白浪费工夫了。

就像爱因斯坦曾经所说：“任何事物都应尽可能简洁，但不能过于简单。”如果我们不努力实现简洁，就会很自然地陷入复杂化的泥潭

中。我们能够越简单地执行我们的计划，就能够越有效地实现我们的目标。因此，我们必须不断地为完成每一项任务寻找更简洁、更高效的方法。

“奥卡姆剃刀定律”作为一种思维理念，当然并不仅仅局限于某一些领域，事实上，“奥卡姆剃刀定律”在社会各方面已得到越来越多的应用。同时，“奥卡姆剃刀定律”也是一种生活理念。这个原理要求我们在处理事情时，要把握事情的本质。正如爱因斯坦所说：“如果你不能改变旧有的思维方式，你也就不能改变自己当前的生活状况。”当你用“奥卡姆剃刀定律”改变你的思维时，你的生活将会发生改变。

总为错误找借口，就是最大的错误——借口定律

在现实生活中，女人随时随地都可以感受到责任的存在，但却很少看到有人主动地去承担。相反听到最多的却是“这不是我的错”，“它本来就是这个样子的，我也无能为力”，“我家里有事，所以……”，一些推托的辞令。当然趋利避害是人的本性所决定的，可以理解，但更可恶的是有些人不仅不承担本应由自己承担的责任，还将它推给别人，要别人对自己的责任负责，“这是他做的”“我当时就提醒他了”“他说是要这样做的”，在责任面前永远都是“他”。

心理学家分析说，借口的实质是推卸责任。在责任与借口之间，你的选择往往就代表了你的态度。选择了借口其实就是一种不负责任的表现。而一旦你因为借口而被免于惩罚，久而久之你就会养成习惯，习惯于寻找借口来为自己的过失开脱，习惯于努力寻找借口而非尽一切努力完成目标，并且最终推卸掉自己本应承担的责任。

作为企业的员工，在工作当中难免会犯一些错误。面对错误，虽然大多数女人知道自己错了，却没有勇气承认，或把犯错的理由归结于别的因素。只有极少数女人能够站出来，勇敢地向老板坦白："这件事没成功，是我的错……"在前者看来，承认错误意味着老板的责罚；沉默和"合理的托词"意味着逃脱责任。但是当你选择承认错误时，你得到的真的只有惩罚吗?

玛丽亚是美国某公司的一名财务人员。一天，她在做工资表时，给一个请病假的员工定了个全薪，忘了扣除她请假那几天的工资。事后玛丽亚发现了这个错误，于是她找到这名员工，告诉她下个月要扣除多给的钱。但是这名员工说自己手头正紧，请求分期扣除，但这么做的话，玛丽亚就必须得请示老板。

玛丽亚知道，老板知道这件事后一定会非常不高兴的，玛丽亚认为这混乱的局面都是自己造成的，她必须负起这个责任，去老板那儿认错。

当玛丽亚走进老板的办公室，告诉老板她犯的错误后，没想到老板竟然大发脾气地说这是人事部门的错误，但玛丽亚再度强调这是她的错误。老板又大声指责这是会计部门的疏忽，当玛丽亚再次认错时，老板

看着玛丽亚说："好样的，我这样说，就是看看你承认错误的决心有多大。好了，现在你去把这个问题按照你自己的想法解决掉吧。"事情终于解决了。从那以后，老板更加器重玛丽亚了。

自己的过错要自己承担，这是每个人的责任和义务，千万不要惧怕因错误而带来的负面影响。一味地隐藏错误或为自己的错误寻找开脱的借口，错误就会制约你前进的步伐，减慢你成功的速度。其实，在责任面前任何狡辩都是徒劳，因为责任出来了就必须有人承担，即使你花言巧语，可以一时蒙蔽别人的眼睛，侥幸地逃脱，可是真相永远都是要浮出水面的，那时，你恐怕连后悔的机会都没有了。

事实上，很多时候，如果你能以积极的心态勇敢地承认错误，那么你将永远不会为错误所累，爽快地告诉大家"我错了，我对此事负责"，可能一时你会被错误压得喘不过气来，但是你无须抱怨，因为那是你应得的。可是你收获的呢？却是尊严、人格。你可以坦诚地面对大家，因为你不曾亏欠任何人，你无须承担任何心理上的压力，或者是谴责，坦坦荡荡，何其开阔；不用把自己揪进一个阴暗的角落，窥视着世人的眼光。那么，你会更快地获得成功。

中国古人说："人非圣贤，孰能无过。过而能改，善莫大焉。"没有哪个女人不犯错误的，但是犯了错误之后最重要的是想办法改正错误，而不是为自己的错误找借口找说辞。现实生活中的很多女人总喜欢

把自己失败的原因都归到客观条件上。这种推脱责任的行为只会蒙蔽自己的内心，让自己更加消极颓废。一个女人如果不注意、不正视自己性格上的缺点，不反省自己做事过程中的过失，只会使自己陷入自责、自怨自艾的深渊中。不为错误找借口，而为成功找方法，只有用这种积极的心理主导你的行动，才能一步步走向美好的人生！

最初的选择，往往决定最后的结果——路径依赖法则

有这样一个著名的试验：有人把六只蜜蜂和同样多的苍蝇装进一个玻璃瓶中，然后将瓶子平放，让瓶底朝着窗户，这时发生了什么情况？

你会看到，蜜蜂不停地想在瓶底找到出口，一直到它们力竭倒毙或饿死；而苍蝇则会在不到两分钟之内穿过另一端的瓶颈逃逸一空。

由于蜜蜂对光亮的喜爱，它们以为，“囚室”的出口必然在光线最明亮的地方，它们不停地重复着这种合乎逻辑的行动。然而，正是由于它们的智力和经验，它们灭亡了。而那些“愚蠢”的苍蝇则对事物的逻辑毫不留意，全然不顾亮光的吸引，四下乱飞，结果误打误撞碰上了好“运气”，这些头脑简单者在智者消亡的地方反而顺利地自救，获得了新生。

这个试验说明，有时候人最开始形成的思维习惯或者选择的道路，决定了以后人生的方向和宽度，就像中国有句俗语说的：“好的开始是成功的一半。”路径依赖法则从另一方面证明了这句话的准确性。

路径依赖法则的存在要求女人摆脱惯性思维，勇于创新，多角度、多方位地去思考。这种法则放到人类身上，破坏力或者更甚于动物。人们在一定的环境中工作和生活，久而久之就会形成一种固定的思维模式，我们称之为思维定式。思维定式使人们习惯于从固定的角度来观察、思考事物，以固定的方式来接受事物，它是创新思维的天敌，正如蜜蜂的经验让它们永远朝着窗户的方向去找出口一样。

万事万物都是符合自然规律，从生到死，从开始到结束，都有一个起始的时间。在这个过程中可以看出时间的重要性。农民要在春天播种，早或晚就很难有收获；小孩上学在七八岁，太早就违背教育教学规律；太阳从东方升起就是一天的开始，落入西山就意味着一天的结束。事事都是有序的、有规律的。人们在搬家、开业、庆典、开盘、楼盘封顶、挂牌营业等一切活动中，都应该找一个好的开始。

不论做什么事情，如果有一个良好的开端，一般来说，直到事情的结束都会很顺利。相反，如果一开始就不顺利，那么结果往往也会不尽如人意。的确，从心理学的观点来看也是如此，刚开始时的成功体验或者开始做某一件事情前有足够的心理准备，就会给以后的行动留下无尽的余韵，给整个行动带来活力。日常生活也不例外，如果在每天开始工作、学习或与人交往之前，在心理上稍做些准备，就会使你具有无穷的活力。

心理课堂

路径依赖法则告诉女人：一个良好的开端是非常重要的。万事虽开头难，但你如果锁定一个目标，然后确立开端，你就能从中受益，让

事情达到你预定的效果。在人生中的每一件事情里，开端都是“始作俑者”，如果你自信地面对它，它也会用成功来回报你。人生往往如此，它就像一个高高的阶梯，如果你现在还在最底层徘徊，当迈入第一个台阶的时候，一定要小心谨慎，一旦滑下来，你就与别人产生了距离，那时后悔已为时过晚，到最后你的努力只能化作一滴水，慢慢蒸发，所有的辛苦与奋斗都会半途而废。由此可见，有个好开端是重要的，良好的开端可以让你的人生充满自信。

第六章

不可思议的心理暗示：了解心理影响的秘密

心理暗示，是指女人接受外界或他人的愿望、观念、情绪、判断、态度影响的心理特点。是女人日常生活中最常见的心理现象。它的存在就像太阳每天的东升西落、春夏秋冬的交替等，一切都是按照规律来运转，然而却很少有女人了解它们，以至于让行为被心理暗示操纵，被动地做出很多荒唐的选择。

心理暗示的神奇力量

在你平时的生活中，是否出现过这样的感觉：周末时，本来和朋友约好去爬山，可是早晨起来往窗外一看，下雨了。这时候，你怎么办？有的女人会想：糟糕！下雨了，哪儿也去不成了，闷在家里真没劲……而有的女人则会想：下雨了，也好，今天在家里好好读读书、听听音乐吧……这是两种不同的心理暗示，想想就知道它们会给你带来两种截然相反的情绪和行为。

大多数女人的生活都处于比上不足、比下有余的情况，就像是一个杯子中只装了半杯水，比没有水要好，而比满杯水又差。面对这样的境况，你会有怎样的想法呢？消极的人一般会暗示自己只有半杯水而显得情绪消沉；而积极的人则会告诉自己，我还有半杯水呢，要好好享用，因而精神愉悦、生活积极。

由此可见，积极的心理暗示不仅可以使女人获得好的心情，而且也能让女人更加精神饱满地去干事情。这种连带的积极的反应，会促使女人像芝麻开花节节高一样，提升内在的驱动力。不仅如此，有时候在逆境中给自己积极的心理暗示，还能够挽救自己和同伴的生命。

有三人相约外出旅游，不想在经过一个原始部落的时候，无意之间

惹恼了当地的土著居民而被追杀，不得已只好逃进一片杳无人烟的荒漠中。

三人漫无目的地熬过了两天，抬眼看看荒漠依旧无边无际，明显地感受到了死亡之神正在悄悄地迫近：是的，既没有食物也没有水，这在荒漠里是非常可怕的。

“唉，谁要是这个时候给我们送来一些水。”政客有气无力地蹒跚着，说道，“嘿嘿，我回去之后一定对他提拔重用，或者是给予高额的酬劳。”

地质学家没好气地对呛了一句：“哎，我说伙计呀，你就省省心吧，还不如老老实实地自己求自己——努力寻找水源呢！”

正说着，三人来到一片深凹下去的洼地边，而且还发现了一些相对比较潮湿的土壤。

“挖水吧。”三人找来几根枯萎的草杆作为工具，使劲儿地朝着潮湿土壤的地儿挖了下去。但非常遗憾的是，三人直到累得筋疲力尽，也不见有水渗透出来，三人只好舐舔着干裂的嘴唇沉沉地睡了过去。

很快，天就亮了起来，诗人也早早地醒了过来。

一边打着呵欠一边望着漫无边际的荒漠，诗人饥渴的思维忽然就像是挣脱了缰绳的马儿一样活跃起来：要是我们正置身于一片绿油油的草地上，那该有多好呀。身边山泉叮咚、蜂嗡虫鸣，头顶阳光灿烂、和风轻拂。尤为可爱的是，草叶间、树枝上，一颗颗晶莹剔透的露珠在阳光的照耀下简直就是……

“对呀，露珠？”诗人突然想起了什么，拔腿向着一片低矮的草丛

跑去。果不其然，在草丛的枝叶之间，还多多少少地残存着一些尚未完全蒸发掉的露珠。

“伙计们，快起来呀，我们有水喝了！”诗人欢快地叫了起来。

随后，每天的后半夜里，三人就想办法舐舔草丛或者是树叶上刚刚凝结而又没有蒸发的露珠。一个多星期之后，当转过一座山包看到远处的毛毡房时，三人终于长长地出了一口气。

“哎呀，伙计，是你救了我们啊！”政客和地质学家感激地对诗人说道。

“哪里呀！”诗人也自豪了，“是想象力救了咱们！”

诗人的丰富的想象力助他找到了沙漠中的露珠，也成功挽救了自己和同伴的生命。然而诗人所发挥出来的想象力也会有积极的和消极的两种，正是因为诗人给了自己积极而美好的心理暗示，才使得他获得了泉水般的灵感。试想，如果诗人此时想到的不是青青草地、叮咚山泉，而是干裂的大地、似火的骄阳，恐怕他现在已经在和死神打交道了。

想象力是人的一种特殊思维，人们为了追求成功和逃避痛苦，会不自觉地运用自己的想象力。在追求成功时，人们会设想目标实现时非常美好、激动人心的情景。这个美景会给人一种积极的心理暗示，它为人们提供动力，提高挫折耐受能力，保持积极向上的精神状态。

心理学家分析说，每个女人的行为都是由思想而来，每个女人的命运完全决定于她的心理状态。如果你的内心装着喜悦，你就会成为一个乐观的人；如果你一整天都想着悲伤的事情，你的情绪就会更加低落；如果你有不好的念头，你恐怕就会不安心；如果你沉浸在自怜里，大家

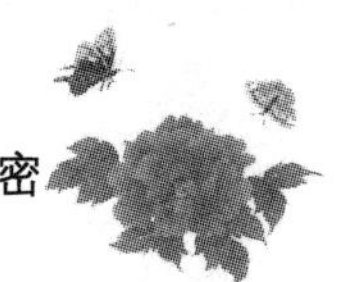

都会有意躲开你。

想象很受心理暗示的影响，想象是人在某种愿望或要求达不到的情况下，运用大脑思维构造的一种虚拟的幻影，它可以将以前的和未来的事物联系到一起。心理学家说，适度的想象不仅可以使人精神愉悦，还可以激发更大的潜能，做出一些超常的事情来。女人在平时的工作、生活当中发挥想象力，会使信心更足、生活更美好。

精神的力量超乎你的想象

人的潜能是无限的，精神力量究竟有多大是我们不能感知的。

每个人都知道邱少云的故事，当他在烈火中煎熬的时候，是怎样的精神支撑着他忍住疼痛没有喊出一声？在我们的周围，即使现在，也依然存在很多依靠精神力量从病床上站起来的事例。如果我们在潜意识中真的相信了某件事，或许奇迹真的会出现。

在医学领域，“安慰剂效应”是指在不让病人知情的情况下服用完全没有药效的假药，但病人却得到了和真药一样，甚至更好的效果。这种似是而非的现象在医学和心理学研究中都并不鲜见。

来看一位心理学家在讲座中叙述的一个故事：

一队战士在阿尔卑斯山的风雪中迷路了，却凭借一张地图冷静下

来，扎营熬过了风雪，确定了自己的方位，两天后回到营地。当他们讲述着这张非凡的地图的时候，他们的领导却发现，这是一张比利牛斯山的地图。

一张错误的地图帮助战士们度过困境，这听起来有些不可思议，这种现象是比较典型的“安慰剂效应”。地图的存在就像是荒漠中行人手里的水壶，给予了他们活下去的希望，人们以为自己有所依靠，其实什么依靠也没有。就像吃下完全没有疗效的安慰剂一样，有时候却能使人们觉得自己真的吃了有疗效的药一样好起来。虽然人们把这种效应叫作“安慰剂效应”，但从更深的层面来看，它也是人类精神的力量，是思想中的依靠给了人积极的心理暗示，从而使一切困境都有了希望的曙光来照耀。

生活中，如果我们可以像这位战士一样，用积极的心理暗示给自己一个有力的精神支撑，那么潜藏在你意识中的精力、智慧和勇气就会被调动起来，帮助你获得财富和事业上的成就。相反，那些缺乏信心、优柔寡断的人只能畏畏缩缩地坐等机遇，但最后却极有可能与机遇失之交臂。记住，你心中所想就是你将来的模样，所以把自己想得优秀一些、成功一些又何妨？

心理学家分析说，人们在认识现实、理解事物时，总会很明显地掺杂很多个人因素，包括我们的期望、经验和信念等，这也是“安慰剂效

应”产生作用的一个原因。安慰剂是一个启动力，它使人们感觉有帮助。在这种感觉下，调动自己的头脑积极思考，随后产生主观努力行为。

时时处处存在于生活的心理暗示

对于大多数女性来说，自我的心理暗示多表现在潜意识的活动里，通常表现为心态的变化和作用。很多时候，别人的一句话、一个眼神、一个动作，自己的一个想法、一个问题、一种态度都会对自己造成心理的影响。拥有积极的心态，往往会给出积极的暗示，使自己或他人得到战胜困难、不断进取的力量；反之，消极心态，则会使自己或他人受到消极暗示的影响，变得冷淡、泄气、退缩、萎靡不振等。

每个人都会受到心理暗示的影响，最终表现为一种积极或消极的心理暗示，俗话说“好言一句三冬暖，恶语伤人六月寒”，就是这个道理。生活中如老师对孩子积极地期待，领导对下属适当地赞扬，都可以让被暗示者信心倍增。望梅止渴的故事已经被大家所熟知，其中的寓意，也是心理暗示的作用。

三国时期，曹操率领部队去讨伐张绣。时值七、八月间，骄阳似火，万里无云，士兵们口渴难忍，行军速度明显变慢，有几个体弱的士兵竟然体力不支晕倒在道旁。曹操见状，非常着急，心想如果再这样下去，部队根本不能如期到达目的地，战斗力也会大大削弱。于是他叫来

向导，询问附近可有水源。向导说最近的水源在山谷的另一边，还有不短的路程。曹操沉思一阵之后，一夹马肚子，快速赶到队伍前面，然后很高兴地转过马头对士兵说："诸位将士，前边有一大片梅林，那里的梅子红红的，肯定很好吃，我们加快脚步，过了这个山丘就到梅林了！"士兵们一听，不禁口舌生津，精神大振，步伐加快了许多。

曹操原本想吸引士兵的注意力，让他们把吃到酸甜可口的梅子作为目标，从而振奋精神、支撑到水源地，他的这一举动是行之有效的，因为他无意中运用了心理暗示的作用。类似这样的例子生活中有很多，我们知道了积极的心理暗示的积极作用，就要善加运用它，使之服务于我们。

心理学家分析说，心理暗示是人接受外界或他人或自身的愿望、观念、情绪、判断、态度影响的心理特点，是人们日常生活中最常见的心理现象。因此在现实生活中，有一些女人休假时，快快乐乐到超市买东西，回到家一清点，发现有一些是可有可无的，连自己都不知道为何会买这些小东西，所以莫名其妙烦躁起来；或者我们本来对某个人没有什么印象，等过了一段时间后却觉得他面目可憎；早晨到了办公室，本来精力充沛，心情愉快，过了一会儿却变得烦得要命。这样的女人都是比较容易受到外界干扰和过分在意他人言论的人，情绪波动较为明显、频繁，她们总是在一会儿高兴、一会儿烦躁的情绪交替中生活。

不过这种莫名其妙发生的变化，从心理学角度来看，一点也不奇怪。因为你受到了周围环境的暗示，不知不觉就产生了与之相应的行为与心情。

艾蜜莉·顾埃曾说，你若说服自己，告诉自己可以办到某件事，假使这事是可能的，你便办得到，不论它有多艰难。相反的，你若认为连最简单的事也无能为力，你就不可能办得到，而一个小土坡对你而言，也会变成不可攀的高山。信心与意志是一种心理状态，是一种可以用自我暗示诱导和修炼出来的、积极的心理状态！

很多女人都有自己喜欢的座右铭，它在很多时候都能给你积极的心理暗示，因此多做一些这样有意的行为，多和积极的人接触，你会发现消极很快会离你远去。要知道杞人忧天或者自怨自艾的女人只能拥有可悲的命运，就像爱默生曾说过的："一个人就是他整天所想的那些。"你有怎样的想法，最终造就你成为怎样的一个人。所以从现在开始变得积极起来，大声的告诉自己：我是独一无二的，我想做的一定可以做到，我会成功，我会幸福！

懂心理暗示的女人，心情能决定事情

每个女人在遇到不同事情时都会拥有不同的心情，而心情的不同有时也是在给自己做着不同的心理暗示。心理暗示是一种潜意识的反映，每个女人都不可能逃避它对自己的影响。心情具有很强的影响力，它的

改变往往带来行为的改变。

多年来，心理学家都认为，在一定程度上，心情决定事情。情绪的影响是心理暗示的一种，在很多时候，某些人，特别是权威人士、师长的话，会带来更强的心理暗示的效果。

有人说："快乐才是人生的真谛。"我们暂且不去评论这句话的对与错，因为每个女人对人生意义的理解和定位都各不相同。但是快乐的人生一定是每个女人都向往和追求的，要快乐，就要抛开负面情绪对自己的困扰，心情决定事情，这句话并非随便说说而已。

积极暗示是以开放的、积极的态度看待环境、他人或自我，给他人或自我以积极的鼓励和信念。积极的心理暗示要经常进行，长期坚持，这就意味着积极的自我暗示能自动进入潜意识，影响意识。只有潜意识改变了，才会成为习惯，才会发挥其更大的作用来改善你的生活，促进自己的人生发展。

其实，一些小事根本就不值得一提，别人根本没有在意或早已忘却，只有你还记在心里耿耿于怀，这就是人们无法战胜自己的体现。人们总是努力地想去扮演一个完美主义者的形象，然而这似乎太苛刻了，只会加重你情绪的负面影响，给自己的心理造成障碍。

所以，学会控制自己的负面情绪对于每个女人而言都是相当重要的，它是我们成功的前提，更是我们身心健康的保证。做自己情绪的主人，不仅让你重新获得主导权，而且你会发现所有的难题你都能够轻松驾驭了！

心理暗示普遍存在于生活之中，它是用含蓄、间接的方法对人的心理状态产生迅速影响的过程，它用一种提示，让女人在不知不觉中接受影响。一个女人，当她以积极的态度来看待自我时，才会产生高自尊和积极的自我意识。要告诉你自己："我能行！""我相信我自己！"通过积极的态度来培养和磨炼信心与意志，这种积极的心理状态可以引领你逐渐摆脱消极、自卑，变得积极、阳光、快乐，逐渐接近成功。

对于坚持心理上积极的自我暗示这一点，心理学家给予了以下两点忠告：第一，通过心理暗示的作用，把树立成功心理、发展积极心态这个总原则变成可以具体操作的方式和方法；第二，由于心理暗示的内容是具体的、实际的，所以坚持积极的自我意识也就必然要选择确立自己的目标，而且主要的目标将渗透在潜意识中，作为一种模型或蓝图支配你的生活和工作。

你的心之所向，就是事情的发展方向

成功者往往总是给自己这样的心理暗示，我要怀有梦想，并努力实现它。一件事情从不同的角度看，往往会有不同的结果，与其给自己的思想造成一种不必要的牵绊不如怀揣美好，一颗积极的心比任何东西都更宝贵。

俗话说，积极的人，像太阳，照到哪里哪里亮；消极的人，像月亮，初一十五不一样。很多事情，都具有不同的面孔，他们在你的眼里是什么样子的，很大程度上取决于你的心，以及你对待它的主观看法。

人生需要不断地作出选择，前进或退缩，积极或消极，不同的选择决定不同的出路，也构建了不同的人生。一个人要想生活幸福、事业成功，就必须拥有对平凡生活的乐观心态。只有拥有对幸福的美好憧憬，才能对自己有更美好的规划，也才能更有信心地去前进、去开拓。

每一个成功者在最初都会有一个对未来的想象，正是这些想象使他们勇往直前地向自己的目标前进。年复一年地重复一种同样的工作，固然很熟练，但可怕的是这种重复已经阻碍了心灵，扼杀了想象力，这样的人不可能再有大的作为。

心理学家告诫人们，很多时候，你的心偏向了错误的方向，但自己却浑然不觉。而哲学家则继续告诫说，行走在错误的方向上，停止即是进步。

当你在心里告诉自己某件事情不可能做得到的时候，你的大脑中就会想方设法地为你找出尽可能多的做不到的理由。你的心理就趋向消极的方向。相反，当你真正地相信某一件事情确实可以做得到的时候，你的大脑也会积极地帮助你找出做得到的各种方法。

心理课堂

心理暗示的力量是如此强大，强大到可以左右一个人的命运和生

活，如果我们被它左右结果就像是被命运主宰了，如果我们能够掌控它，那么我们就主宰了命运。成功者总是这样告诉自己，我要努力成为最优秀的一个。对于同龄人来说，谁是最优秀的一个，这是没有评判标准的。可以说，谁过得快乐、幸福，谁就离优秀越来越近。也许某个同学因为学习成绩优异而经常被老师夸赞，同学们会称赞他是一个优秀的人。而是否真的优秀，又是否真的快乐，只有他自己知道。因此，你要在心里告诉自己你很棒，你也可以成为一个优秀并且快乐的人。

别让消极的心理暗示支配你的行为

心理学家说，在我们的内心里，都潜藏着对陌生事物的恐惧与害怕，由此也就会对自己的能力产生怀疑，对行事失去信心。如果你彷徨、犹豫和逃避，消极的心理暗示就会占据你的大脑，使你变得脆弱不堪、失去自我。

心理暗示具有难以预测的力量。它是一种启示、提醒和指令，一头凶猛的狮子，由于自身贴上了“驴子”的标签，受到其他动物话语的影响，在心底产生了消极暗示，逐渐失去了自信，最终真的把自己当成了驴子。而实际上，失去了自信和雄风的狮子与驴子别无二致，因为真正的狮子是不会去在意什么标签的，因为你就是一头狮子，你是森林之王。

这就是消极的心理暗示带来的巨大负面作用，它能支配影响你的行

为，这种消极的影响有时甚至会让人失去本来的自我。其实，只要敢于正面迎接它，你就会发现：它并没有多么可怕，相反，你会发现自己由此变得强大了。

亚伯拉罕·林肯是美国第十六任总统，领导拯救了联邦和结束奴隶制度的伟大斗争。尽管他仅在边疆受过一点初级教育，担任公职的经验也很少，然而，他那敏锐的洞察力和深厚的人道主义意识，使他成为历史上最伟大的总统之一。他不畏艰辛、不惧失败的勇气和毅力，感染和激励了一代又一代的年轻人。从林肯辉煌的一生中，我们可以看出，“想到就立即去做”是他能够不断突破自己的一件法宝。

在林肯去世后，他的一位朋友在他的家里发现了这样一封信：我父亲在西雅图有一处农场，上面有许多石头。有一天，母亲建议把上面的石头搬走。父亲说，如果可以搬走的话，主人就不会卖给我们了，于是，这些石头就一直在那里。有一年，父亲去城里买马。母亲说，让我们把这些碍事的东西搬走，好吗？于是我们开始挖那一块块石头。不长时间，就把它们弄走了，因为它们并不是父亲想象的石头，而是一块块孤零零的石块，只要往下挖一英尺，就可以把它们晃动。这件事让我明白，有时候困难并不像我们想象得那么大，有些事想到就要立即去做，勇敢地尝试一下，总会比绕着它走要有所收获。

其实很多时候，困难并不像我们想象中的那样大，只不过我们的内心被困难、恐惧、自卑等消极的潜意识所蒙蔽了，不能认清真实的自己。行走在社会中，我们的面前或许会出现很多“石头”，那么不要畏惧，只要你轻轻抬脚便可以迈过去，或者你只需转个小小的弯，便可以

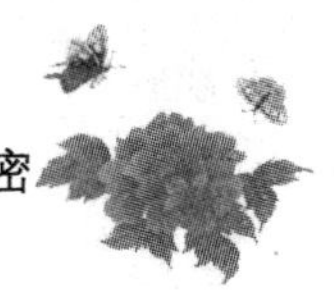

绕过去了。

中国的古人总是喜欢说：“车到山前必有路，船到桥头自然直。”这不就是一种积极的心理暗示吗？有人说：“困难像弹簧，你弱它就强。”你用逃避的心理对待困难的时候，它就会在你眼前变得越来越大；当你用鼓励自己去积极地挑战困难，争取战胜它的时候，你的自信心就会越来越膨胀，靠着坚韧不拔的品质和勇于行动的精神，你就会感动自己在不断成长。面对困难要勇于战胜它，克服消极的心理暗示，把美好和希望留在心中，怀揣着美好的你也一定会有一个美好的人生！

心理课堂

虽然我们都知道消极的心理暗示不好，但是在现实生活中，却总是有人不停地给自己灌输这种负面思想。有的学生总是觉得自己脑子笨，怎样学习成绩都不能提高。久而久之，周围的同学、老师甚至父母都认为他是笨的了，他也就真正变成一个智力低下的人；有的女孩儿总是觉得“人家不喜欢我”，到头来发现，大家果然不再喜欢她了。

事实上，一个人的聪明才智并不是光靠天赋，一个女人的受欢迎程度也不单单依靠外表，那些不断给自己消极的心理暗示的人，从根本上就否定了自己，在别人面前更是表现不出来自己优秀的一面。其实我们完全可以改变这样的结果，心理暗示的确有很大的潜在能量，它会告诉你注意什么、追求什么，致力于什么和怎样行动，只要我们的思想是积极的，经常保持愉悦的状态，自动地把成功的种子和创造性的思想灌输

到潜意识的大片沃土，你很快就会发现，你的生活比以往任何时候都更加美好。

水中蕴藏的心理暗示

每个女人都知道，水是生命之源，水，对于女人来说是比任何食物都更重要的东西。不仅如此，水，有时候还可以洗涤女人的心灵，让她们有洗尽罪恶、重获新生的感觉，当然这也是一种心理暗示。

印度的恒河被人们称作圣河，很多心中有罪恶感和做了错事的女人都会到恒河去沐浴，一边用河水冲洗自己的身体一边默默忏悔，祈求恒河之水洗净自己的罪孽。这种习惯渐渐成为印度人的一种风俗，每逢节日他们便要到恒河里沐浴，以消除一年来的不洁和污秽。

我们都知道，水的确可以清洗掉人身上的污垢，但是像罪恶感和不良情绪这种精神层面的东西还是要靠人的心理调适才能得以释怀，因此用水洗罪恶，其实是人们借以水给自己一种积极的心理暗示，从而可以摆脱负面情绪，更加快乐地生活。

用清水清洗身体也许不能改变现实，但清洁让女人的心情更为光明和沉稳，可以用来中和侮辱感或罪恶感所产生的负面情绪。

许多心理学家关注对水心理的研究，加拿大多伦多大学和美国西北大学的行为研究人员在一群大学生身上就此问题进行了一系列试验。研究显示，在人们的潜意识中，确实认为罪孽是可以“洗”净的。

因此我们在一些电视剧和电影中，经常能看到这样的场面：受到欺辱的女人，为了让自己摆脱受辱的心境，会在浴室里发狂地清洗身体；黑帮人物在退出江湖时，会举行金盆洗手的仪式。心理学家分析这些现象，认为水在人们的心中具有洁净的作用。在日常生活中，人们用水洗净脏了的手和衣物，因此，人们在潜意识里会对这种行为进行延伸，于是认为水也可以洗净犯过错的心灵。

一位心理学家这样解释道：水从古代以来，也象征着母体的子宫和羊水，在人们与水发生联系时，就像得到了母亲的宽恕，重新回归了母体，回归了伊甸园，这也是通过沐浴和清洗能够减轻内心罪恶感的文化深层次原因。这也验证了人们对水清洗罪恶感的下意识依赖。用水清洗自己，不仅能够平衡心态，而且在人的心灵深处，接触水也就象征着被宽恕。

在我国民俗中，也有在特定日子“祓濯”“祓除”邪气的习惯，用以洗去自己身上的晦气。婴儿一出生，就得清洗；人死去的时候，也要梳洗一番，以示干干净净地离开。

心理课堂

人们对水的这种心理有着很深的文化意味。古语有云：“子在川上曰，逝者如斯夫。”这是感叹时间的流逝；老子说“天下莫柔于水，而攻坚强者莫之能胜”，这是感叹水的力量；孙子说“兵形象水，随物象形”，屈原说“沧浪之水清兮，可以濯我缨”，这些又是在感叹水的变

化和内涵。在中国，水在女人的意识中具有纯净的品质，也象征着随机应变的智慧。上善若水，利万物而不争，又柔中带刚。

水的这种文化意味着女人对它的崇拜更加深厚。水作为一种更加高洁的事物，可以让女人的心境澄明，从而摆脱掉心中的迷惑和恐惧。用水清洁的过程中，对于那些心里有阴影的人来说，是一种让自己解脱的释放。

要坚信，你可以成为你向往的样子

一个女人心里所想的，就是她将要成为的。在生活中，你想什么，便可能成为什么样的人。总说“我不想生病”的人，可能会面临一场格外艰苦的奋斗，老想着“我不要过寂寞的生活”“我不想破产”“希望这次事情不至于搞砸”的女人，往往就会落入她们一心想避免的困境。正像一位女人说：“我年轻时发誓，绝不嫁姓史密斯的男人，也绝不嫁比我年轻的男人，更不会去从事洗盘子的工作。但现在，这三件事我都做了。”

这便是心理暗示的作用，你以为自己在做积极的心理暗示，而实际上它却是消极的。思想作用于人的最基本的原则是：你越想得多的事，对你的吸引力越大，最后落入自己织好的圈套里难以自拔。因此积极的心理暗示需要积极的心态和愉悦的思维，你越是想美好的事，美好的事情越容易到来。

有的女人说，梦想和现实总有很大的差距，但成功的女人往往总是给自己这样的心理暗示，我要怀有梦想，并努力实现它。只有终生怀有希望并不断努力的女人，才能实现自己的理想。

现实生活中的很多女人总觉得自己的梦想遥不可及，努力奋斗了几天，就轻言放弃，或者改变了初衷，选择一个看似较容易达成的目标。而总会发现，她这次努力的结果总会和上次一样。心理学家告诫这样的女人，人的心理具有很强的适应性，你期望自己达到什么样的高度，实现怎样的目标，只要你坚持，在心里不断调试，调动积极的情绪，你的理想就不难实现。而那些轻易就放弃努力的女人，心里的高度也只会停留在起步的阶段。

心理课堂

具有自信主动意识的女人，会长期进行积极的自我暗示，而具有自卑被动意识的女人，却总是使用消极的自我暗示。经常进行积极暗示的女人，会把每一个难题看成是机会和希望；经常进行消极暗示的女人，却将每一个希望和机会看成难题。因为每个女人的特性，都是由思想而来的，每个女人的命运完全决定于她的心理状态。如果你心里都是快乐的念头，你就能快乐；如果你想的都是悲伤的事情，你就会悲伤；如果你想的全是失败，你就会失败；如果你想到一些可怕的情况，你就会害怕；如果你有不好的念头，你恐怕就会不安心了；如果你沉浸在自怜里，大家都会有意地躲开你。

第七章

潜移默化的心理效应——改变人生轨迹的无形之手

女人的心理就像一个五彩缤纷的万花筒，心理效应是其中绚烂的一道风景。心理效应同任何事情一样，它具有积极与消极两方面的意义。了解、掌握并利用心理效应，你会逐步发现许多潜藏着的影响人生发展的心理因素，让自己成为一个更加好命的女人。

聪明女人的秘密武器——光环效应

光环效应又称“晕轮效应”，属于心理学范畴，晕轮效应指人们对他人的认知判断首先是根据个人的好恶得出的，然后再从这个判断推论出认知对象的其他品质的现象。如果认知对象被标明是“好”的，他就会被“好”的光圈笼罩，并被赋予一切好的品质；如果认知对象被标明是“坏”的，他就会被“坏”的光圈笼罩，他所有的品质都会被认为是坏的。这种强烈知觉的品质或特点，就像月亮形式的光环一样，向周围弥漫、扩散，从而掩盖了其他品质或特点，所以就形象地称为“光环效应”。

在日常生活中，光环效应比比皆是。聪明的女人意识到，名人效应是一种典型的光环效应。不难发现，拍广告片的多数是那些有名的歌星、影星，而很少见到那些名不见经传的小人物。因为明星推出的商品更容易得到大家的认同。一个作家一旦出名，以前压在箱底的稿件全然不愁发表，所有著作都不愁销售，这都是“光环效应”的作用。

有时候“光环效应”会对人际关系产生积极效应，如你对人诚恳，那么即便你能力较差，别人也会对你非常信任，因为对方只看见你的诚恳。反之亦然。

美国心理学家凯利曾做过一个心理实验来证明光环效应的影响：让一位演讲者在某大学两个班级分别做了内容相同的演讲。演讲结束后，甲班学生与其亲密攀谈，而乙班学生对其则冷淡回避。同一个人作同样的演讲，为何效果会如此不同？原来演讲前凯利曾对甲班学生说，演讲者是如何热情可亲，而对乙班学生则说，演讲者是如何不易接近。结果学生们戴着有色眼镜去观察演讲者，演讲者被罩上了不同色彩的光环，学生们看到的都是他们期望看到的。这就是光环效应的表现。

光环效应是一种认知偏差，不利于人们全面正确地认识他人。这就提醒我们：在真正了解一个人前，切不可太轻信事前得到的信息，更不可凭一时的感觉。

从认知角度讲，光环效应仅仅抓住并根据事物的个别特征，而对事物的本质或全部特征下结论，是很片面的。因而，在人际交往中，我们应该注意告诫自己不要被别人的“光环”所影响，而陷入光环效应的误区。光环效应不但常表现在以貌取人上，还常表现在以服装定地位、性格，以初次言谈定人的才能与品德等方面。在对不太熟悉的人进行评价时，这种效应体现得尤其明显。

俄国著名诗人普希金就曾吃过光环效应的苦头。娜坦丽是当时公认的“莫斯科第一美人”，她的美丽让普希金疯狂地爱上了她。在普希金看来，一个漂亮的女人也必然有着非凡的智慧和高贵的品格，然而事实并非如此。他们结婚后，普希金发现娜坦丽虽然容貌美丽，但是却与自己志不同、道不合。每次当普希金把自己的诗读给她听时，她总是不耐烦地捂着耳朵说：“不听！不听！”相反，她却总是要普希金陪她游

玩，参加晚会、舞会。普希金为了娜坦丽抛弃了诗歌创作，还弄得债务高筑，甚至还为了她和别人决斗而牺牲了生命。普希金的故事启迪我们，在现实生活中确实应该警惕光环效应，千万不能让“一俊遮百丑”蒙蔽了我们的双眼和理智。

“情人眼里出西施”，说的就是一种恋人间的光环效应。普希金在见到娜坦丽的那一刻便被她的美丽所吸引，从而认为无论她的头脑、思想和行为都是最有魅力的。光环效应给爱增添了魅力，增添了诗意，使爱披上了玄妙的幻想轻纱。但是日子久了，当彼此了解的时候，这层神秘的光环也就随之消失了，如果不想到那时后悔，那就要擦亮双眼，理智地对待光环效应。

所以说，光环效应是把双刃剑，要小心使用。光环效应是一种以偏概全的评价倾向，在人们没有意识到的情况下发生作用。由于它的作用，一个人的优点或缺点变成光圈被夸大，其他优点或缺点也就退隐到光圈背后视而不见了。光环效应实际上也是个人主观推断泛化和扩张的结果，有一定的负面影响，在这种心理作用下，人们难以分辨出好与坏、真与伪，容易被人利用。因此，如果光环效应是正面的、积极的，可以给个人或企业带来积极的影响；但是，如果光环效应的影响是负面的，就会造成一些不良后果。

歌德曾经说过：“人们见到的，正是他们知道的。”日常生活中，光环效应往往是悄悄地却又强有力地影响着女人对他人的知觉和评价。因此我们要努力认清光环背后的真相，不要让偏见和过分崇拜主导我们的思想，这也提醒我们，当你看不惯某个人，对某个人怀有成见的时

候，应当首先理智地检讨一下自己的态度和行为是否受到光环效应的影响，自觉走出光环效应的迷宫。

在学习生活过程中，为了避免光环效应影响他人对自己或自己对他人的认识，应注意以下几点。

第一，不要过早地对新的老师、同学做出评价，要尽可能地与老师、同学进行多方面的交流，促进相互间的深入了解。

第二，及时注意自己是否全面地看待了他人，特别是对有突出优点或缺点的老师与同学。

第三，在与他人交往时，不要过分在意他人是怎样评价自己，要相信自己一定会获得他人的认可和理解。

第四，注意做好自己应该做好的每一件小事，如作业、作文、值日等，特别要注意处理好可能会给自己的形象造成较大影响的事情。

第五，要敢于展示自己，让更多的人了解自己的优点和长处，同时，也尽可能让他人了解自己的缺点。

莫名的吸引力——异性效应

大多数女人都知道“同性相斥，异性相吸”的道理，男女之间彼此

怀有好感，男人在女人面前更有表现欲，女人在男人面前更温柔可人，这便是在人类身上普遍存在的一种叫作“异性效应”的心理现象。

在人际关系中，异性接触会产生一种特殊的相互吸引力和激发力，并能从中体验到难以言传的感情追求，这就是有趣的异性效应。在日常学习、工作和生活的交往中，如果能正确而恰当地运用“异性效应”，则往往会收到良好的效果。在请求帮助和商洽事情时，异性效应不时闪现出独特的作用，尤其是俊男俏女，如果能合理地驾驭异性效应，则往往会取得满意的效果。人们一般对异性比较感兴趣，特别是对外表讨人喜欢、言谈举止得体的异性感兴趣。这点女人也不例外，只不过不如男人对女人那么明显。有时为了引起异性注意，男人还特别喜欢在女人面前表现自己，这也是异性效应在起作用。

赵岩是北京一家广告公司的设计师，自从他在这家公司上班以来，他所在的工作室就一直只有6位男士。赵岩是一位非常勤奋的人，他喜欢不断地工作，不断地产生新的设计思想。然而，最近这两年以来，他发现自己在工作室工作得太久之后，经常会莫名其妙地产生一种无聊、空虚的感觉，而且白天很容易疲劳，创作与设计方面的灵感也似乎逐渐枯竭起来。然而不久之后，赵岩所在的工作室来了一名年轻貌美的女大学生。赵岩发现，只要有这名女大学生在工作室，他工作起来就特别有劲儿，设计东西也特别有灵感，而且他还会莫名其妙地产生一种欣喜感和兴奋感。

赵岩在女大学生来了之后所产生的这种心理效应，正是我们平时所说的“男女搭配，干活不累”的效应。像赵岩一样，其实我们每个人

可能都会有这样的亲身体验，我们和异性在一起工作总是会感到轻松愉快，不容易疲倦。这绝对不是因为我们都是好色之徒，这里边多少包含着科学和心理学方面的道理。

异性交往和相处会使人变得更积极，更高尚。当与异性在一起时，男人会更注意自己的言行举止，女人会展现阳光靓丽的一面。异性效应的力量是不可以低估的，异性效应对男人、女人都是有益的。

有关专家分析道，和女同事一起工作，会让男性格外赏心悦目。国外心理学研究揭开了这一现象背后的原因：男性比女性更喜欢通过视觉获得异性的信息。容貌、发型等外部特征都能引起他们的兴趣，对他们的感官造成冲击，从而引起心理上的愉悦与兴奋。此外，男性的表现欲和征服欲往往比女性强，潜意识里希望得到异性的赞美和欣赏。一旦得到女同事的赞赏，男人的心理体验将得到极大的满足，心理上的成就感冲淡了工作带来的劳累和压力，所以感觉不到累。

异性之间的吸引在爱情中体现得更为直接和明显。有些心理学家把异性吸引称为一种化学反应：异性之间的吸引是一种化学反应过程，是由身体受到某种自然刺激产生的，视觉、听觉、嗅觉及触觉等。

“男女搭配，工作不累”的口号经常被我们挂在嘴边，从心理学角度讲，符合异性吸引定律的反应。人对异性都有一种好奇心理，都喜欢与异性打交道，我们可以在合适的情况下发挥自身的魅力来帮助我们完成任务，但是无论做任何事情都要有个度，过了，效果就适得其反了。

心理学家告诫人们，“异性效应”不能滥用。不管是从社会公共道德还是从个人修养的角度来说，利用自己的外表和身体特征吸引异性以求达到某种目的或实现某些利益，是极其不可取的。女性外表漂亮，讨人喜欢，如果再加上交往得当，在异性面前办事容易，这是正常的；反之，如果用色相去引诱男人，就很容易被人嗤之以鼻。同时，女人把和异性交往当作刺激，想入非非，让人感觉色迷迷的，就超过限度了，同时也会影响自己的心理健康。

你的人生高度取决于心理——跳蚤效应

女性朋友大多都知道中国有个成语叫作“一叶障目，不见泰山”，意思是说一个人的眼睛被一片树叶遮住，连眼前高大的泰山都看不到了。虽然只是小小的一片树叶，却足以挡住一个人的全部视线，如果你不懂得拿掉这片树叶，就不可能看到树叶之外的世界。

人生的高度受限于你的心理高度，所以人们才说“只有想不到，没有做不到”，心有多大，你的世界便有多大。那些敢于挑战人生极限、敢于突破人生瓶盖的人，才是生命的主宰者。

你现在是否正在思考自己的人生，是否被自己设限？是否也深陷于跳蚤效应之中呢？如果真的如此，那么你便要及时将自己从这个魔咒中

解救出来。

每个人都期待一个辉煌的人生，但如果你的心理高度只是放在满足于温饱或者小康，那么你不可能有更大的幸福感。有时候欲望是女人实现自我价值的动力，你要确定什么对自己才重要，你将来想要什么，要过怎样的生活，明确了这一点，再加上坚持不懈的努力，你便可以不断造就一个又一个辉煌！

女人当中有很多人和瓶中的跳蚤一样，适应了被限制的高度，但是与跳蚤不同的是，人类可以意识到自己这样的缺点，只是很多女人明白道理却迟迟不肯行动。要知道，只有勇敢地突破自我限制，才能得到自己想要的人生。“自我设限”是一件悲哀的事情，跳蚤并非自身已失去跳跃能力，而是由于一次次受挫后学乖了，习惯了，麻木了。生命对某些女人来说是美丽的，她们的一生都为某个目标而奋斗，世界会向那些有目标和有远见的人让路。作为一个有理想有梦想的女人，我们要大胆地突破自己，去追求人生的高峰！

在危机中发现自己的无限潜能——鲇鱼效应

很多女人会抱怨自己生不逢时，家境不好或者不曾遇到过好的机会，所以一生庸庸碌碌，无所作为。然而究竟是什么原因使得这种情况

出现在大多数女性身上，而小部分女性却在别人发牢骚的时候摇身成为成功女性呢？下面来看这样一个故事：

挪威人爱吃沙丁鱼，他们在海上捕得沙丁鱼后，如果能让它活着抵港，卖价就会比死鱼高出好几倍。但是，由于沙丁鱼生性懒惰，不爱运动，返航的路途又很长，因此捕捞到的沙丁鱼往往一回到码头就死了，即使有些活的，也是奄奄一息。只有一位渔民的沙丁鱼总是活的，而且很生猛，所以他赚的钱也比别人的多。该渔民严守成功秘密，直到他死后，人们打开他的鱼槽，才发现只不过是多了一条鲇鱼。原来当鲇鱼被装入鱼槽后，由于环境陌生，就会四处游动，而沙丁鱼发现这一异己分子后，也会紧张起来，加速游动，如此一来，沙丁鱼便会活着回到港口。这就是所谓的“鲇鱼效应”。

一种动物如果没有外界的刺激，就会变得死气沉沉。同样，一个人如果没有对手，那他就会甘于平庸，养成惰性，最终导致庸碌无为。生活中，有太多的人在浑浑噩噩过日子，有太多的人在安逸的生活中懈怠，有太多的人认为自己没有什么本事就安于现状……有些时候，我们需要一种危机来激发我们自身的潜能，唤醒我们内心深处被掩藏已久的人生激情，来实现人生的最大价值。很多女人之所以也怀有梦想，却一生平庸，多数不是因为自身能力不够，而是因为松散安逸、不思进取，没有激发自己的潜能，在平淡机械的生活中埋没了自己。不要总羡慕别人头上的光环，其实我们也有能力给自己戴上美丽的花冠。

有时候不是我们没有能力，而是我们太懒惰。试着将自己的床垫得薄一点，再薄一点，等到早晨的时候我们就不再留恋温暖舒服的床铺；

俗话说得好："生于忧患，死于安乐"，安逸的生活会让人沉醉，让人丧失激情和斗志，作为有追求的新时代女性，要想在这个竞争激烈的社会中生存，应该主动地往自己的生活中放一条"鲇鱼"，来激发自己的潜能，取得人生最大的收获。

心理学家分析"鲇鱼效应"时说，我们本身所拥有的激情才会真正令我们自己满足。因此我们要常给自己的生活创造一些新鲜刺激，来焕发沉睡的激情。那么，该如何去做呢？心理学家给我们提出了以下几条建议。

1.运动

运动可以排除体内的废气，让我们精神气爽、情绪高涨。此外，更可以强身健体。

2.组织一次童年玩伴的聚会

和童年玩伴无拘无束地交流，久违的激情一定又会重新回到你的身边。

3.表现出你的童真

小孩对于生命总是充满赤裸裸的兴奋和好奇，他们毫不掩饰地大笑大叫，强烈地表达他们心中的欲望和感受，而这正是成人所缺少的。如果能够毫不掩饰地展示真我，你会发现重获了激情。

4.吃巧克力让你振奋

法国国家科学研究中心的研究结果表明，巧克力能振奋情绪，帮助人体产生两种使人心情愉快的荷尔蒙。

5.尝试一次极限游戏

心理学家确信，身体受到刺激后产生的化学物质和性爱产生的化学物质一样，而且人体对恐惧的反应与受到性欲刺激是一样的，脉搏会加速，会声嘶力竭地吼叫。当你征服恐惧、享受这种刺激时，已泯灭的激情就一定会重新来临，给你沉闷的生活注入一些激情。

事事皆有度，过度犹不及——超限效应

同一刺激对人的作用时间过长、强度过大、频率太多，会使神经细胞处于抑制状态，让人产生极不耐烦的心理体验，心理学称之为“超限效应”。“超限效应”的由来和马克·吐温的一次听讲经历有关。

在生活中，你是否有这样的体会，一堂课如果是40分钟，大部分人能够聚精会神地听20～30分钟，剩下的时间总是有走神或者不耐烦的情况出现，如果打了下课铃，老师还在滔滔不绝，一点没有下课的意思，估计全班的同学都要有意见了。在工作中，同事今天麻烦你帮忙做一件事，你欣然接受，不觉得有什么。而后接二连三地要求你帮助他解决问题，你也许碍于面子，不会推搪。但如果他一天之内连续要求你做几件事情，你可能就会烦躁，甚至会翻脸。这就是存在于我们每个人身上的

"超限效应"的具体表现。

"超限效应"告诉我们，做事情要把握好分寸，正所谓"物极必反""月盈则亏"。不仅如此，掌握好事情发展的速度也是很重要的，如果一味求快，就会产生"欲速则不达"的结果。

从前，有姐妹俩，在家里各自喂了一只幼鸽，想把它们训练成信鸽。过了一段时间，姐妹俩看鸽子长大了，便决定带着鸽子放飞。姐姐走了一里路就把手中的鸽子给放了。妹妹见了想：姐姐的眼光太浅，我的鸽子起码要带到百里外的地方以后再放。姐姐放飞的鸽子飞回来后，她又把它带到十里之外的地方去放，然后，又到百里外去放，逐渐地延长鸽子的距离，后来这只鸽子能飞到千里之外还能飞回来，终于被锻炼成一只非常出色的信鸽。然而，妹妹的鸽子呢？第一次放出去之后就再也没有回来。

故事中妹妹因为急于求成，最终一无所获。很多女人在教育孩子的时候，很容易和故事中的妹妹犯同样的错误。每个父母都是望子成龙、望女成凤，当孩子不用心而没考出好成绩时，父母会一次、两次、三次，甚至四次、五次地重复对一件事作同样的批评，使孩子从内疚不安到不耐烦最后反感讨厌，当这些批评超过孩子承受和忍耐的极限，他们就会产生逆反心理。被"逼急"了，还会出现"我偏要这样"的反抗心理和行为。

可见，家长对孩子的批评不能超过限度，应对孩子"犯一次错，只批评一次"。如果非要再次批评，那也不应简单地重复，要换个角度、换种说法。这样，孩子才不会觉得同样的错误被"揪住不放"，厌烦心

理、逆反心理也会随之减弱。中国有句话是这样讲的："话说三遍是嫌言"，大人都不喜欢别人念叨自己，那就更不要把自己不喜欢的强加到孩子身上了。

我们在做任何事的时候都应当注意"度"这个问题，如果"过度"就会产生"超限效应"。因此，我们一定要掌握好火候、分寸、尺度。只有这样，才能达到恰到好处，从而避免"物极必反，欲速则不达"等负面影响。

超限效应给女人的启示：首先，当一个人受到的刺激过多、过强或作用时间过久，往往会引起心理极不耐烦或逆反，这样会事与愿违，就像马克·吐温不仅不捐钱，反而还从盘子里偷走了2元钱一样。

其次，女人在说话做事的时候，要多站在别人的立场上想一想，学会换位思考，切不可以自我为中心，毫不注意表达方式，当然更要注意把握好"度"，在别人不耐烦之前尽快结束你的演讲。

没有选择的选择——霍布森选择效应

"霍布森选择效应"来源于这样一个故事。

英国剑桥有一个做马匹生意的商人名叫霍布森，他在做生意时承诺：如果想买或是租我的马，只要给一个很便宜的价格，就可以随意挑

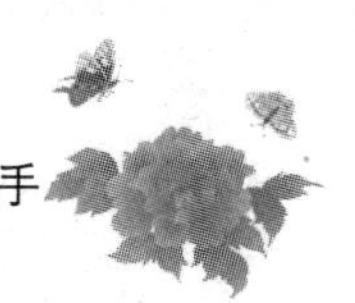

选。但他又附加了一个条件：只允许挑选能牵出圈门的那匹马。其实这是一个圈套，因为他在马圈上只留一个小门，大马、肥马、好马根本就出不去，能够牵出去的都是一些小马、瘦马或懒马。显然，他的附加条件实际上就等于告诉顾客不能挑选。大家挑来挑去，自以为完成了满意的选择，其实选择的结果可想而知。这种没有选择余地的所谓挑选，被人们讥讽为“霍布森选择”。

在“霍布森选择”中，人们自以为做出抉择，而实际上思维和选择的空间都是很小的。有了这种思维的自我僵化，当然不会有创新，所以它更是一个陷阱，让人们在进行伪选择的过程中自我陶醉而丧失了创新的时机和动力。

而对于年轻的女人来说，如果陷入“霍布森选择效应”的困境，就不可能发挥自己的创造性。道理很简单，任何好与坏、优与劣，都是在对比选择中产生的，只有拟定出一定数量和质量的方案对比选择、判断才有可能做到合理。如只有在许多可供对比选择的反感中进行研究，并能够在对其了解的基础上进行判断，才算得上判断。因此，没有选择余地的“选择”，就等于无法判断，就等于扼杀创造。

因此，没有选择的余地就等于扼杀前途。一个人选择了什么样的环境，就选择了什么样的生活。

面对生活，每个女人都可以做出各种各样的选择，而你今天的选择，可能就决定了你三年之后或者你一生的命运。为了避免落入“霍布森选择”的怪圈，女人必须锻炼自己的发散性思维，凡事多联系、多思考，要像那个犹太人一样，做个有远见的人。只有头脑丰富的女人才会

有能力去看清一件事物的本质，才能做出更好的选择。

心理学家说："一般而言，人们都能处理日常的事务但却不能轻松地做决定。不能做出决定往往是过度分析、拖延、完美主义的结果，因为优柔寡断是保持安全的最佳状态，同时还保留了若干思考的空间。"生活中，人们往往有数不尽的决定等着去做，但却对如何做抉择有着相当的困惑。因为他们知道，自己的选择往往决定了以后的命运。但是，选择了过安逸生活的命运就一定是正确的吗？

想想我们当中，是不是也有很多这样的人，背负着一个有用之躯却在做着一些无用之事，一方面希望自己能够学有所用、学以致用，另一方面又不肯吃苦、不想努力。任何事情的好与坏都是相对的，如果选择了在动物园里无忧无虑，不用为吃喝发愁的生活，那也就意味着要失去在大自然里远足的快乐。

有句谚语说得好："当一个人知道自己想要什么时，整个世界将为之让路。"所以，在你选择之前，一定要弄清楚自己想要的到底是什么。

心理课堂

在女人的生活中，时时刻刻都可能面临选择的问题，这其中也有很多女人陷入"霍布森选择效应"之中。为什么会出现这种情况呢？心理学家分析说：这与思维的"封闭性"和"趋同性"有关。所谓思维的封闭性，就是看不到客观世界、环境系统的开放性。这种封闭性又必然带来"趋同性"，它规定了人的思维活动总是朝着单向选择性进行，不去

寻找新的视角，开辟其他可能存在的认识途径。结果，就使自己在整个创造过程中失去了属于个体自身的自由活力和创造精神。在社会普遍的静态的有序性下，遗弃了富有个性化迷人魅力的主动冲击力，呈现出一种负面性的表现，激化了单向选择性层面，进一步取消了人在本质上所固有的多样化、多层次选择性层面存在的可能。于是，“霍布森选择效应”也就翩然而至了。

胜败在你一念之间——詹森效应

有一名运动员叫詹森，平时训练有素，实力雄厚，但在体育赛场上却连连失利。人们借此把那种平时表现良好，但由于缺乏应有的心理素质而导致竞技场上失败的现象称为“詹森效应”。

“詹森效应”在我们的日常生活中比较常见，尤其是对于要面对“三天一小考，五天一大考”的学生，这种心理现象的存在也着实给他们带来不小的困扰。很多平时常常被老师夸奖的尖子生每逢考试的时候便屡屡失利，成绩总是不尽如人意；还有在运动场上，有些实力相当强的运动员却在赛场上发挥异常、饮恨败北等。细细想来，“尖子生”与“考场失利”，“实力雄厚”与“赛场失误”之间的唯一解释只能是心理素质问题，主要原因是得失心过重和自信心不足。

作为有理想、有追求的女性，如何摆脱“詹森效应”对自己的不良影响呢？首先，要认清“赛场”的目的，克服恐惧感，赛场并不可怕，

只是比平常正规一些而已。其次，要平心静气地走出狭隘的患得患失的阴影，不贪求成功，只求正常地发挥自己的水平。赛场是高层次高水平的较量，同时也往往是心理素质的较量，“狭路相逢勇者胜”，只要树立自信心，一分耕耘必定有一分收获。最终定会交付满意的答卷。

同样是在雅典奥运会上，中国女排以3：2战胜俄罗斯队，赢得了奥运冠军，又一次成为国人的骄傲。女排精神在中华人民共和国国歌奏响、国旗升起的时刻，又一次鲜艳绽放。

在这场比赛的过程中，中国女排开局就处于被动，在没有调整过来的前提下，先负于俄罗斯队两局，不能再失局的中国队在第三局并没有出现人们意料中的慌乱，打得依然有板有眼，除了其间出现一次平外，比分更是一路压着对手。就这样，赢回信心的中国姑娘笑到了最后。

由此，我们不得不说是中国女排良好的心理素质赢了。赛场如此，考场也是一样，即便是关乎前途命运的重大考试，也要用一颗平常心来对待，只要能够专心致志、心无旁骛，自然能够发挥出自己真实的水平。再者，一定要充分相信自己的实力，使自己尽快进入考试的状态；还有就是要淡化考试结果，注重具体过程，减少考试中的干扰因素。把主要精力集中于具体的解题上，这样不仅能提高答题的准确率，而且能使心理保持平静与放松。并且要学会用一些积极肯定的词句来鼓励自己，给自己一种积极的心理暗示，告诉自己：冷静、细心、我一定可以！

人生道路难免坎坷，只有经历了风雨还能勇敢向前的人才能到达幸福的终点。在人生的赛场上，每个女人是否能克服“詹森效应”，将决定她成就的大小。

心理学家说，“詹森效应”在心理素质较差的女性身上体现得更为明显，特别是当她们面对重大、关键的场合的时候，紧张的氛围、无形的压力等，潜移默化地敲击着她们的内心，使得他们发挥失常，错失机会。

无论怎样的失利和失败，都是源于我们自身的缺陷，只有积极地认识自己、了解自己，充实自己，才能不断壮大自己。这个世界上最难超越的人就是自己，如果你能够克服自己的缺点，不断战胜自己，那么你就是一个最最成功的人！

相信自己行，你就能行——皮格马利翁效应

其实，“皮格马利翁效应”指的是一种心理暗示的力量。暗示在本质上是人的情感和观念会不同程度地受到别人下意识的影响。例如，人们会不自觉地接受自己喜欢、钦佩、信任和崇拜的人的影响和暗示。

“皮格马利翁效应”告诉女人，积极的心里暗示会给我们带来无限的动力。尤其是女人在陷入困境或者是面临对自己不利的境况时，积极的心里暗示都能引导女人走向最后的成功。利用自我暗示，可以帮助自己寻找适合的目标，并让我们在改变自己的同时，也激发自己的潜能。在做任何事以前，如果能够充分肯定自我，就等于成功了一半。当你面

对挑战，你不妨告诉自己，你就是最优秀和最聪明的，那么肯定是另一种模样。你要做胜利者，你要成功，就从这一刻开始：改善你的自我形象，利用心理暗示的力量，将神经系统变成一个成功者的身心状态，那么如此积极的信念就可以影响你的一生。

威廉·丹佛斯是布瑞纳公司的总经理，据说他小时候长得瘦小羸弱，而且志向不高。因为，每当他面对自己瘦弱的身体，他的信心就完全丧失了，甚至心中还经常感到不安。直到有一天，他遇见了一位好老师，人生观才从此改变。

上课的第一天，老师便把威廉找来，对他说："威廉，我从你的自我介绍中发现，你有一个错误的观念！你认为你很软弱，那么你就会变得越来越软弱！我来告诉你，其实你是一个非常强壮的孩子。"小威廉听到老师这么说，惊讶地问道："是吗？怎么可能呢？我怎么可能是强壮的孩子？"老师笑着说："当然是了！来，你站到我的面前！"只见小威廉乖乖地站到老师面前，并听着老师的指示："你看看你的站姿，从中就可以看出，在你心中只想着自己瘦弱的一面。来，仔细听老师的话！从现在开始，你脑海里要想着'我很强壮'，接着做收腹、挺胸的动作，想象自己很强壮，也相信自己任何事都能做到，只要你真的去做，也鼓起勇气去行动，很快你就会像个男子汉一样！"当小威廉跟着老师的话做完一次后，全身忽然间充满了力量。

在威廉85岁时，他依然活力十足，因为他一直遵守着老师的教诲，数十年来从未间断。每当人们遇到他时，他总是声音饱满地喊："站直一点，要像个大丈夫一样！"

在现实生活中，每个人潜意识里都有这样的想法，我想成为什么样的人，我要什么样的生活。或许有人会否定这种说法，认为自己是得过且过或随遇而安，实际这也是一种想法。这些想法既是一种人生规划，也是一种心理暗示，就是告诉自己应该怎么做。我们就是在这种暗示中成长的，在这种暗示中改变的。

“尺有所短，寸有所长”，这个世界上没有十全十美的人，但一定要相信自己是最棒的人。女人更要学会运用皮格马利翁效应，对自己做出积极的心量暗示。要为我们拥有的东西而感到快乐，要在快乐中追寻我们的理想。当一个女人的思想朝着积极阳光的方向发展，她就能发现自己的生活获得了巨大的收获。

有人曾这样总结过：“我们之所以会来到这世上，是因为我们在母体内战胜了数十亿个精子与卵子结合后才出生的，所以我们是天生的赢家。而且，我们的皮肤、指纹、头发、声音、面容及体形，在世界上，并且有史以来从来没有第二个人和你一模一样，不仅以前没有，以后也不会有，我们是独一无二的。”所以，女人应该相信自己，相信自己是最棒的。高度的自信会产生高度的表现；相反的，自卑的女人凡事都做不好。女人只有在相信自己是最棒的，是第一名的时候，才会有无与伦比的力量与精神上极度的巅峰状态，进而带来强烈的行动力与决断力，也只有自信的女人才能凭借自己的毅力走向成功。

别用仇恨折磨自己——海格力斯效应

海格力斯是古希腊神话中的一个大英雄。一天，他正一个人在坎坷不平的山路上行走，发现路上有一个像袋子的东西很碍脚。海格力斯心想："这是个什么东西啊，竟敢在这儿挡我的路？"于是，就狠狠地踩了它一脚。原以为一脚可以把那个东西踩破，谁知那个东西反而膨胀起来，加倍地扩大着。看到这种情况，海格力斯就气不打一处来，恼羞成怒的他就操起一条碗口粗的棍子向那个袋子似的东西砸去。那东西被海格力斯打了之后，不但没有被打破，反而变得更大了。它还在变大，已经完全把海格力斯的路堵死了。正当海格力斯为这个莫名其妙的袋子发愁的时候，一位圣人从山中走出。他对海格力斯说："朋友，快别动它，忘记它吧，这个东西的名字叫仇恨袋。如果你不去侵犯它，它便小如当初，你若侵犯它，它就会膨胀起来，挡住你的路，与你敌对到底。"

这就是"海格里斯效应"的由来。其实，"海格力斯效应"告诉女人们，仇恨正如海格力斯所遇到的这个袋子，开始很小，如果你忽略它，矛盾就会化解，它会自然消失；如果你与它过不去，加恨于它，它就会加倍地报复。

人活在世上，难免与人发生误会、摩擦，而女人也会经常犯和海格力斯一样的错误，与人发生矛盾时，不愿意吃亏，步步紧逼，据理力争，死要面子，认为忍让就是没了面子失了尊严，最终使得矛盾不断地升级，不断地激化。其实，报复心理是一种不健康的心理状态，它不仅

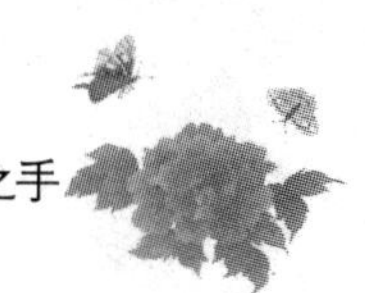

会对报复对象造成这样或那样的威胁，而且有害自己的心理健康。在女人怀揣仇恨的时候，自己的心灵也会背上沉重的包袱。

宽容，是应对仇恨的最好解药。不要认为忍让和宽容是软弱和不要尊严，如果一时的退让可以换来别人的感激和尊重，避免矛盾的加深，那么这就是成熟、冷静、理智、心胸豁达的表现。

一个女人只有忘记心中的仇恨，才能使心理平衡，才能解放自己。我们都应记着别人对我们的恩惠，忘记自己对别人的仇恨。一个女人念念不忘别人的坏处，实际上最受其害的却是自己的心灵。心中充满仇恨的女人，轻则自我折磨，重则就可能导致疯狂的报复，最终疯狂的结果可能就是自我毁灭。佛说，生气是用别人的错误来惩罚自己，宽恕别人才能得到心灵的解脱。

释迦牟尼说："以恨对恨，恨永远存在；以爱对恨，恨自然消失。"面对生活中的伤害，不要心生报复，更不要采取报复手段。面对伤害，自我要学会自制，宽容可以化解怨恨，懂得宽容的人才能更好地生活在阳光和清风下。毕竟报复是对他人的一种伤害，每个人在产生报复的念头时务必要多考虑报复的危害性。当他人给自己带来伤害或不愉快时，要学会以宽容之心待之。如此将心比心，报复的欲念就会慢慢散去。

忘记了仇恨，明白了"退一步海阔天空"的道理，之后遇事给自己五分钟，冷静地思考，就一定可以拥有更开阔的心境，可以做出更加睿智的决策。萝卜白菜，各有所爱，你爱吃鱼，他爱吃虾，虽然大家喜好不同，但是若有缘同桌吃饭，各自也都吃到了自己喜欢的东西，何乐而

不为？又何必强求别人一定要吃自己喜欢的东西呢？如果我们能承认品质各自有异的客观存在，便会对彼此的互异感到快乐，你有你的思维方式，我有我的人生见地，若能互相学习，彼此宽容，就能一团和气。

女人要知道，仇恨的是别人，但烦扰的却是自己。永远不要因为仇恨而使自己终日郁郁寡欢，要永远记住，一些人是不值得我们去仇恨、去记忆的。学会放弃仇恨，就等于放弃烦恼，就等于善待自己。

当我们对这些心存报复的时候，仇恨袋便会悄然成长，而自己的心灵也会背负上沉重的包袱。在社会交往中，有些女人以攻击的方式对那些曾给自己带来伤害或不愉快的人发泄不满。每个女人都该学会用动机和效果统一的观点去衡量人的行为，这样可以减少许多不满情绪的产生，为报复心的萌生断了后路。报复心理可以而且必须通过改变发泄方法、转换发泄渠道来宣泄。切勿在一念之间，让邪恶占了上风，到头来后悔莫及。

一只脚踩扁了紫罗兰，它却会把香味留在脚跟上，这就是宽容。宽容会使人生得到升华，在升华中找到平静，在平静中得到幸福。

摆脱无畏的烦恼，你才会更加自由——鸟笼效应

心理学家解释说，这是因为买一只鸟比解释为什么有一只空鸟笼要

简便得多。即使没有人来问，或者不需要加以解释，“鸟笼效应”也会造成人的一种心理上的压力，使其主动去买来一只鸟与笼子相配套。

其实，在我们身边，在我们的生活、工作当中，女人总是不自觉地在自己的心里先挂上一只“鸟笼”，再不由自主地往笼子里放“小鸟儿”。

俗话说“远亲不如近邻”，王丽和小凤是一对邻居，王丽由于工作的缘故要迁居，家里的东西大部分都要卖，在清理完所有的家具后，只剩下一个雅致的书桌了，这个书桌价格昂贵，如果作为次品卖出也收回不了多少钱，于是，王丽决定把它送给邻居小凤作为纪念礼物，小凤也欣悦地接受了并对此表示了感谢。

书桌搬回自家书屋后，小凤发现书屋那破旧的木藤椅与书桌比起来真是大煞风景，于是小凤决定买一个好的皮质的转椅来搭配书桌，于是乎花了500元买了一个合适的转椅，心里觉得舒服了许多。

一天，朋友来小凤家做客，小凤为展示自家的新书房，请朋友进来看看，朋友对书桌和转椅赞不绝口，朋友说：“不错，不错，只是能把书橱换一下就更好了。”小凤看了看，觉得书橱有些破旧了，确实也应该换一下了，于是乎又花钱换了书橱。

这天，又有一些朋友光顾了小凤家，照样来到了书房，还是同样夸赞了一番，但总是最后带有瑕疵：“你的书房什么都好，就是光线暗了些，要是能把墙打开，建一个落地窗就更加明亮了。”听后，小凤觉得也是，于是乎……

从转椅、到书橱、再到落地窗，小凤似乎因为一张免费的书桌而把自己的家重新整治了一番，这就像是有了一个豪华的笼子，必定会养一

只与笼子相配的鸟一样，不论是由于自己内心的追求，还是为了应付别人无休止的询问和疑惑的目光，总之，你已经陷入“鸟笼效应”的迷宫之中。

苏格拉底说：“人们如果为了奢侈的生活而奔波劳累，那么幸福的生活将会离我们越来越远。”如果我们的生活受牵于一只鸟笼，那么我们也就偏离了生活真正的航向。

然而我们是否可以把“鸟笼效应”积极的一面融入生活中呢？答案是肯定的。每个人都可以给自己的内心挂一个积极的鸟笼，如你对身边的朋友承诺，一定要在今年看完50本书，那么在某种心理压力下，你就有了完成这个目标的动力，这样的“鸟笼”对于我们而言是有益的。又或者，当你想改变现在的穷困境地时，不妨在屋子里摆上一个高档物品，就像小凤的那个书桌一样，不同的是，这是对自己的一种激励，而并非毫无意义的“瞎折腾”。当你不断更换掉旧的东西，离自己的目标越来越近时，你会从心底里感谢这个“鸟笼”。

在心理学领域，“鸟笼效应”也被称为“空花瓶效应”。如一个女孩子的男朋友送了她一束花，她很高兴，特意让妈妈从家里带来一只水晶花瓶，结果为了不让这个花瓶空着，她的男朋友就必须隔几天就送花给她。当然这是此效应的一种甜蜜的体现。

“鸟笼效应”是一种潜在的对心理的影响。佛经云：人最难摆脱

的是无谓的烦恼。许多人正是先在自己的心里挂上一只笼子或是张开一只口袋，然后再不由自主地朝其中填满一些东西。如果我们能够合理地运用这种效应，化烦恼为动力，不就是做了一件既能消除“空鸟笼”烦恼、又能激励自己上进的一举两得的好事吗？

第八章

不可不防的心理陷阱——避开弯路，朝美好生活勇往直前

女人在认知世界的过程中，总会被新的事物困扰，因为对它一无所知；也会被已经存在的事物伤神，因为对其了解不透。女人对心理的认知也会如此，在心理的大千世界中，有很多东西等待你去了解、去掌握，如果你看不清别人，也看不清自己，那么就会像迷失森林的动物看不清陷阱，最终会成为别人的猎物，甚至是瓮中之鳖。

独立，让女人活得更有底气

人都有依赖心理，有些女人依赖心理很强，而有些女人依赖心理较弱。依赖和人的惰性是共存的，试想一下，如果有人能够帮你把事情都干好，都安排好，不必自己费力，长此以往，你不会对其产生依赖吗？心理学家分析说，依赖心理是一种消极的心理状态，影响女人独立人格的完善，制约女人的自主性和创造力。

很久以前，有一对年迈的夫妻晚年得子，全家人都非常欣喜。他们把女儿视为掌上明珠，什么事都不让她做，使得孩子对父母产生了极为强烈的依赖心理，只要父母不在旁边，即使是再简单的事情，她也不能完成。女儿长大以后，仍连起码的生活也不能自理。

有些女人因为自己身上有某种缺陷，以为自己缺乏劳动能力，就对于社区或是旁人产生了依赖心理。殊不知不是你的缺陷误了你，而是你的依赖心理毁了你。

一位心理学家给他的学生讲过这样一个故事：

一个只有一条胳膊的乞丐来到一家门口，向女主人乞讨。空空的袖子晃荡着，让人看了很难受。可是女主人却指着门前一堆砖对乞丐说：“你帮我把这堆砖搬到屋后去吧。”

乞丐生气地说："我只有一只手，你还忍心叫我搬砖，不愿意给就不给，何必刁难我？"

女主人没有生气，俯身搬起砖来，故意只用一只手搬，搬了一趟才说："你看，一只手也能干活。我能干，你为什么不能干呢？因为有一只胳膊，就依赖乞讨？"

乞丐愣住了，用异样的目光看着女主人，终于俯下身子，用唯一的一只手搬起砖来，一次只能搬两块，他整整搬了两个小时才把砖搬完。

女主人递给乞丐20元钱，乞丐伸手接过钱，很感激地说："谢谢你。"

女主人说："你不用谢我，这是你自己凭力气挣的工钱。"

几年后，一个西装革履、气度不凡的大老板来到女主人的家，他很有气派，但遗憾的是少了一条胳膊。原来，他就是当年的那个乞丐。

他如今是一家公司的董事长，特意来感谢女主人，他说："当初我只是依赖乞讨过生活，是您给了我自力更生的启示，才有了今天。"

不要因为自己某方面存有缺陷就心甘情愿地依靠别人，长此以往，你就会失去生存的能力，只能像一个寄生虫一样看别人的脸色生活。

心理学家说，依赖性强的女人是一个可怜而孤独的女人，她们四处碰壁，不被信任，不受欢迎，遭人鄙视，是依赖所导致的必然结果。依赖性强的女人就好比是依靠拐杖走路的不健康的人。其实，克服依赖的弱点，独立地发展和锻炼自己，扔掉拐杖，走出成长的误区，并不是一件非常难的事情，因为自己并没有比别人少一条腿，别人能够做成的事，自己也定能够做成，首先一点就是你有没有这样的一颗心。

依赖心理是自立的对立物。依赖意味着自我的弱化、独立的丧失。

因此，可以说依赖是一个陷阱。有依赖思想的女人一旦掉进这个陷阱，便难以自拔。脱离心理上的安乐窝，是艰难的，依赖的毒素以各种各样的方式侵入生活，更由于许多女人从依赖中得到满足，因此，心理依赖就像毒品一样往往难以戒除。

心理上的独立，即完全摆脱义务性的关系，行为人不受别人控制而独立行为。换句话说，你不能勉强自己去迁就各种情面或关系，做你不愿做的事。或者说，当你要准备做事时，不要等着别人给你安排、领路，跟着别人去干，亦步亦趋，而是你自己要积极思考独立自主地决定自己的事情。离开依靠者自立行事确实很困难，因为我们的社会教我们在一些特别的关系中，实现某些期望，这些关系包括父母、子女、权威人物以及我们所爱的人。

依赖心理影响女人独立人格的完善，制约女人的自主性和创造力。因此，心理学家提出了消除依赖心理的有效方法：

首先要克服依赖习惯。当依赖成为一种习惯时，它对女人心理的影响就会达到根深蒂固的地步。你应该分析一下自己的行为中哪些应当依靠他人，哪些应由自己决定把握，从而自觉减少习惯性依赖心理，增强自己做出正确主张的能力。

其次是增强自信心。有依赖心理的女人往往缺乏自信，自我意识低下。

再次是要树立奋发自强精神。常言说，温室中长不出参天大树。当今社会是开放竞争的社会，每个女人都要在激烈的竞争中求生存谋、发展。因此，要及时调整自己的心态，适应时代变革，拥有健全的人格和良好的社会适应能力。要自觉地在艰苦环境中磨炼自己，在激烈竞争中摔打自己，勇敢地面对困难和挫折。

最后是培养独立的人格。德国诗人歌德曾说过，“谁若不能主宰自己，谁就永远是一个奴隶。”独立自主的人格是克服依赖心理的重要保证。很难设想，一个缺乏独立行为能力的人，把自己的命运寄托在他人身上，时时事事靠别人指点才能过日子的人，会有什么大的作为。

不盲从、有主见的女人更出众

“从众”是一种比较普遍的社会心理和行为现象。通俗地解释就是“人云亦云”“随大流”；大家都这么认为，我也就这么认为；大家都这么做，我也就跟着这么做。人是群居的动物，因此，人的从众心理更为强烈。

从众心理是从古至今都非常普遍的。古人喜欢吟诗，遇到壮丽山河、美景佳色都要即兴题诗一首，发展到现代社会，大家不作诗了，改成在墙壁上留下“某某到此一游”这样的话。这种行为对环境无疑是具有破坏性的，然而大家还是趋之若鹜，看来，从众心理对人的影响确实很大。

造成人产生从众心理的原因是多方面的。在群体中，由于个体不愿标新立异、与众不同感到孤立，而当他的行为、态度与意见同别人一致时，却会有“没有错”的安全感。从众源于一种群体对自己的无形压力，迫使一些成员违心地产生与自己意愿相反的行为。

生活中某些商业广告就是利用人们的从众心理，把自己的商品炒热，从而达到目的。生活中也确有些震撼人心的大事会引起轰动效应，群众竞相传播、议论、参与。但也有许多情况是人为的宣传、渲染而引起大众关注的。常常是舆论一“炒”，人们就易跟着“热”。广告宣传、新闻媒介报道本属平常之事，但有从众心理的女人常就会跟着“凑热闹”。

现代社会是个开放的、多元化的社会，它提倡人们标新立异、拥有自己的性格和独特性，有时，真理往往掌握在少数人的手中。但是如果你对自己产生怀疑，就很可能上别人的当，失去本属于自己的物品。

从众不是一无是处，在很多榜样的树立、规则的制定和执行、文化的继承和发扬等方面也起到过很多积极的作用。但是在当今时提倡创新的时代、鼓励个性飞扬的年代、要求讲究文明礼仪的社会，对待从众的心理却应该更多地去思考，或纠正、或杜绝、或减少、或引导。

“从众”是一种心理现象，更是一种生活态度，女人要明白，与其总是无所顾忌地随大流，不如结合自己的实际情况，走属于自己的路。当今社会，我们也提倡个性的发挥，我们更鼓励持续不断的创新。

从众心理在女人的生活中普遍存在，其表现为在没有分清正误的大多数人的一致判断面前，轻易否定了自己的观点，以此博得别人认为的正确。这也就是我们平常所说的“随大流”。心理学家通过进一步研究发现，不同类型的人，从众行为的程度也不一样。一般来说，女性从众多于男性；性格内向、自卑感强的人多于外向、自信的人；文化程度低的人多于文化程度高的人；年龄小的人多于年龄大的人；社会阅历浅的人多于社会阅历丰富的人。

赶走自卑的乌云

这世上的人或多或少都有自卑心理，即使是名人和富人肯定也有自卑的时刻。自卑，可以说是女人不自信的表现，是一种消极的心理，它可以消磨一个女人的雄心、意志，使女人自暴自弃、悲观丧气。在这种心态下，女人很容易思想不集中，从而做错事或者遭受失败，而失败更加剧了自卑感的产生，在这种恶性循环中，女人的自信心会全部被抹杀掉。

每个女人都有自卑感，而每个女人的自卑却又各不相同。如果你是在为自己的缺点而自卑，这没什么，你要庆幸自己能够清楚地认识到自己缺点的存在，并且积极去改变；而如果你是因为没有认清某些东西的

实质，把好东西当作坏的而感到自卑，又或者在和别人比较之后，发现别人拥有的自己没有，从而产生自卑感，这就是自寻烦恼了。

德国哲学家黑格尔说：“自卑往往伴随着懈怠。”在我们反思的时候，察觉到了自己有自卑的倾向，就要积极地改正、克服，不能够任其发展。不管你的自卑是源于何因，是因为生理上的缺陷，还是环境的不如意，或是人际上的困难，只要我们找出自己出色的一面，发现自己的闪光点，多表现自己，就能慢慢地把自卑赶走。

每个女人都应该意识到，在这个世界上，你是独一无二的，你没有必要去仰视别人，你就是一道风景。只要你不懈追求，相信你不比别人差，成功并不是一件很难的事。

自卑只能自怜，自信赢得成功。相信自己，就是相信自己的优势，相信自己的能力，相信自己有权占据一个空间。“没有得到你的同意，任何人也无法让你感到自惭形秽。”

人与人天生就存在差距，在后天不同的生存环境下，差距会更加复杂化。也许你的容貌不如别人俊俏，也许你的学识不如他人广博，也许你的生活不比他人富足，但如果你因为这些就感到自卑甚至妄自菲薄的话，那你的生活会失去原本的色彩和很多已经存在于身边的快乐。

心理课堂

心理学家告诉女人，要消除自卑心理，首先要接受自己、欣赏自己，能够顺应客观条件发挥自己独特的潜能，要知道困难的环境往往会

给人带来成功，因为它能使一个人清醒地看待自我、看待生活，会更加努力地去丰富和提高自我以改变当前的不良环境。从古至今大部分有成就的人都出身贫寒。所以，我们没有必要对自己的先天条件给予过多的埋怨甚至产生自卑感。放下自卑，你会发现自己就是一块被石头包裹的璞玉，平常人不能识得你的价值，只有懂你的人才能知道你的宝贵。

把握自己的心智，不为他人所左右

“锚定和调整启发式”是一个心理学术语，它是人们在做决策和判断时经常采用的一种方法，即先把自己“锚定”在某个事物上，然后再在这个基础上进行调整。

据说有这样一个故事：有两家卖粥的小店。左边的这家和右边的那家，每天的生意都不错，而且有趣的是顾客数量差不多，可是晚上结账的时候左边的这家总比右边的那家多出100多元钱来。有人好奇地进行了研究。发现奥秘在于服务员的一句话的不同：左边这家利润高一点的服务员总是问“您这碗粥加一个鸡蛋还是两个鸡蛋？”，而右边那家服务员问的是“您要不要加鸡蛋？”。

心理学家解释说：左边的小店之所以每天都比右边的小店多出100多元钱来，是因为左边小店的服务员小姐把顾客“锚定”在“加几个鸡蛋”上。显然右边的服务员只把顾客“锚定”在“要不要加鸡蛋”上。在前一种情况下，顾客是在“加一个鸡蛋还是加两个鸡蛋”上进行选择

或者说调整，很少有顾客跳出这个框架说不加鸡蛋。而后一种情况，顾客是在“加不加鸡蛋”上进行选择或者说是调整，所以左边的小店比右边的小店多出100多元钱就在情理之中了。

鲁迅是中国伟大的文学家，他犀利的文字曾经带给一代中国人以无穷的力量。鲁迅先生曾于1927年在《无声的中国》一文中写下了这样一段文字：“中国人的性情总是喜欢调和、折中的，譬如你说，这屋子太暗，说在这里开一个天窗，大家一定是不允许的，但如果你主张拆掉屋顶，他们就会来调和，愿意开天窗了。”这便是锚定和调整启发式在生活中经常出现的一种情况。当然这个心理引导的方法如果运用得当，可以帮助我们取得事半功倍的效果。

比如，母亲在教育孩子的时候，可以这样问孩子：“你是今天写完作业，明天我们一起去游乐园玩，还是今天看电视，明天在家里写作业呢？”在这样的情况下，显然孩子会选择后者。又或者你需要爱人陪你出去走走的时候，你如果说：“咱俩出去遛弯儿吧？”很有可能对方不会去，可是如果你说：“亲爱的，一会儿去超市给孩子买点水果，听说广场那里晚上有节目，咱俩顺便去看看吧。”说明出去是有正当事情要做的，他肯定很愿意随同。

但是如果把这个方法运用到职场上，你可就要小心了，千万别以为别人在你面前表现出来的样子就一定是他真正的面貌，很可能他是把你当作竞争对手，然后用心理战术来迷惑你。

李倩与梁溪在同一家公司上班。李倩总是表现得对工作很没有热情，上班时一副磨洋工的样子。某日快下班时，梁溪让李倩帮忙做个营

销策划文案，李倩说："都下班了还做什么呀，老板又不会给加工钱。我还赶着去和男朋友约会呢！"而梁溪一人待在办公室中，继续写他的营销文案，次日交给经理，得到经理一番好评。

不久传来一个主管职位空缺的消息，李倩与梁溪都有机会升任。梁溪认为自己踏实肯干，贡献大，主管之位非自己莫属了。但人事命令下来后，大出梁溪意料：竟是李倩获得了这个职位。原来一向在梁溪面前懒惰的李倩从来就没有懒惰过，她充分利用业余时间去参加在职培训，不断充电；跟上司的联系也从来没有停止过，上司一直看好她；至于她怠慢工作，那只是演给梁溪看的一场戏而已。

竞争是职场上永恒的话题，职场上的竞争虽没有战场那么残酷，却一样充满心机。像梁溪一样踏实做事的女人的确很多，她们付出了辛苦努力，然而却在关键时刻永远上不了层面，原因很可能就是周围的某个同事用自己懒散的外表迷糊了她，使她原本有的十分力气只用了六分，就觉得自己已经做得很好了。而那个同事却在私底下百分百地努力，并且不知不觉中和领导也搞好了关系，所以上面的结果就是注定的了。

要知道，每个女人都有着不同的源动力，这使她尽力去进取。无论你看到什么，你都要意识到一点：竞争正在进行。在职场上，你必须做到：保持距离感，不跟任何人过度亲密，不结帮派，不评论别人，做好自己，诚恳而保持一定的警惕性和必要的心机。

做自己的事，用自己的标准来衡量自己，不要因为别人的松懈就降低对自己的要求，否则你就会中了别人的圈套。你锚定的应该是比自己能力强、成绩好的优秀的人，而不是和自己处在同等位置，时不时还出

点小纰漏来为你提供心理安慰的人，忠于自己的思想和行动，不要受到他人的引导，这才是职场的生存之道。

心理学家告诫女人，“锚定和调整启发式”是人们在做决策和判断时经常采用的一种方法，即先把自己“锚定”在某个事物上，然后再在这个基础上进行调整。心理学上还有其他启发式，如代表性启发式、易得性启发式、情感启发式等。这些都是女人日常判断和决策时经常使用的有效工具，其都潜移默化地影响着人的心理。

不为琐事而烦恼

每个女人都会遇到不如意的事情，而这些不如意的事情带给每个女人的影响又各不相同，换一种角度看世界，换一种角度思考，世界就会因你而不同！

或许你很坚强，或许你已经经历太多，觉得没有事能够难道你、打倒你，可是你是否想过“千里之堤毁于蚁穴”，再坚固的大堤也抵挡不住一群小蚂蚁的攻击。

没有哪个女人愿意生气，大家都想过开心幸福的日子，而在生活中，很多女人却往往忘记了自己的愿望，为了一些鸡毛蒜皮不重要的事物争执不休，不仅浪费了大好时光，对自己的身体也是一种损害。当

然，人之所以会生气，主要是外在环境的刺激，除非是圣人，否则，一般平凡女人皆会因为生活中的种种人或环境而生气，能够在生气时自省或是生完气觉察的女人，就已经不容易了。所以我们平时要多注意自己的情绪，学会控制情绪，不胡乱为小事抓狂，减少在生活中对外在环境的过激反应，使内心平和。这样经过一段时间的苦练，便可以达到心如止水、宠辱不惊的地步了。

人活在世上只有短短几十年，却浪费了很多时间，去为一些一年之内就会忘却的小事烦恼。有句名言说得好，“生气是用别人的过错来惩罚自己”。夕阳如金，皓月如银，人生的幸福和快乐尚且享受不尽，哪里还有时间去生气呢？

生活给予我们的，我们无法选择，只能接受和勇敢面对，轻松面对一切小事，放下心中的怒火，才能得到平和快乐。眼光要向前看、向远处看，让我们用平和的心态、用优雅的身姿来迎接每一个美好的明天！

英国著名作家迪斯雷利曾经说过：“为小事而生气的人，生命是短促的。”诚然，我们生活中的每一天都是由各种不同的小事构成，人的一生能有几件大事呢？但是，正是因为我们的生命中处处都有小事发生，所以才不能轻易为小事而生气，如果每件事你都要气一气，那么充斥你生命的便是由无数个不开心组成的日子。或许你是一个遇事常小题大做的人，或许你是一个容易被情绪牵着鼻子走的人，又或许你经常为

生活中的琐事耿耿于怀，但是如果你能够积极地改变现在的态度，那么你的人生也能够随之而改变。

持续性的懊悔，往往是厄运的开始

在日常生活中，我们经常能发现这样一类女人，她们在做了某些事情之后，因为结果不让人满意、自己有较大的损失、给自己或别人带来了某种无法挽救的伤害等，心里会感到内疚和懊悔，这种感觉在一段时间内很难平复，有时甚至会成为一种心理疾病，影响她的一生。

懊悔是什么呢？是对昔日选择的沉重否定，迷茫地怨天尤人，虚度光阴。懊悔的人最容易说“早知如此，就……”“想当初，如果……”其实这都是借口，是对现实的逃避，是消极的表现。而积极的人想得更多的是该如何收拾残局，因为他们知道，懊悔，只能在人生长卷上更添一笔灰暗。

对于那些明智的女人来说，她们会让这种懊悔情绪变成一种激励自己更加奋发的力量，对于这些属于过去式的东西，过多地留恋和被其羁绊，对自己毫无益处。过去无法挽回，往事已成为历史，你再悔恨也不会有丝毫改变，重要的是吸取教训。人的一生当中，最浪费时间的莫过于懊悔。懊悔具有相当大的破坏力，它可以将人的积极上进的好心态彻底摧毁，让人变得萎靡不振。所以，千万不要总是惦念已往的过错，已经发生的事情并不会因你的后悔而有丝毫的改变。当你又在后悔既往时

记得对自己说：“下次我不会再做错。”这样做能使你摒除懊悔，把时间和心思用于现在和将来。

一位心理学家这样告诫女人说：人生的道路不是笔直、宽阔、平坦的。无论求学、就业、择偶、成才或是组织家庭，人们都可能遇到各种意想不到的艰难曲折。许多人常常钻不出自我的圈子，他们为自己在曲折中的失误而产生种种懊悔。懊悔意味着人在现实中由于过去的行为而产生惰性。有些女人认为只要保持懊悔便可改变过去。其实，懊悔并不能改变过去，更不能创造未来，它只会给今天造成不必要的负担。过多的懊悔，还会磨灭对未来的追求。若沉溺于懊悔之中，对人的精神也是一种折磨。

苏联生理学家巴甫洛夫说过：“不要让头经常朝后看，它能够使你木然若失。”面对已经发生的事情，懂得放下，是克制懊悔心理发生消极作用的一个有效的方法。

在生活中你会发现，那些看似愚蠢的可以避免的错误，往往更容易让人们懊悔不已，尤其是一些看似能够改变我们人生的重大问题上。我们由于自己的判断失误而犯了重大的错误，然后开始后悔自己当时的行为和决定，而且往往这种懊悔的情绪会维持相当长一段时间，在这段时间里，我们几乎无法正常工作和思考，犯错误的那一幕时时都会跳出来扰乱我们的情绪，它让人们变得不开心。有的女人甚至一辈子都在各种各样的懊悔中度过，她们亲手毁掉了自己本应幸福的一生。

面对已成事实的问题，心理学家指出，女人可以想办法改变刚刚发生的事情所产生的影响，但是我们不可能去改变当时所发生的事情。唯

一可以使过去的错误产生价值的方法，就是从错误中得到教训——然后再把错误忘掉。

心理课堂

一个女人曾经总结了自己克制懊悔心理的步骤，在课堂上和大家一起分享：①反复跟自己强调过去无法挽回，往事已成为历史，悔恨是毫无意义的，最明智的做法就是尽力从中吸取教训。②发现解决根本问题。有时候，悔恨心理常常伴随着复杂的原因，你要问自己：悔恨过去是想在现时逃避什么，然后努力去解决它。③自立价值观念。有许多懊恼往往是寻求别人赞许不成才产生的，你应该有自己的标准。④分析行为后果。客观地分析自己的行为，不要凭直觉，要凭它是否有助于你向前发展。⑤不受他人控制。明确地对那些力图使你懊悔的人表示：你不会买他们的账。⑥试试明知故犯。故意做一些自己会感到内疚的事，不必顾忌别人的意见，它将帮助你克服自己在各种环境里产生的懊悔情绪。

莫让犹豫成为你蜕变道路上的阻碍

当干练、果断、风风火火这些词用在一个女人身上的时候，几乎每个人的头脑中都会出现一个女强人的形象，是啊，果断、干练，是成功者的代名词，是成功者必备的品质，而大多数女人与它们无缘。

女人对成功的渴望绝不亚于男人，只是在人生的每次抉择过程中，很多女人选择了与成功背道而驰的道路。每个女人的一生都是由一个个选择构成的，每一个选择都决定了你以后的人生道路。正是因为人们知道自己在某种特定情况下做出的判断的重要性，害怕做出错误的判断得到错误的结果，也就滋生了犹豫心理的蔓延。而犹豫之后做出的选择，往往依然是错误的。

从前有一头毛驴，它拥有两堆草料。它饿了，可是站在两堆草料中间，是去左边还是去右边呢？往左边走走……嗯，还是去吃右边的比较好；往右边走了几步……算了，还是去左边那堆好了。走走又回头，回头又走走，于是，这头幸运的、富有的毛驴，就这样在两堆草料间活活地饿死了。

这个故事当然是有点夸张，可是，不要说女人就不会做这样的傻事。或许因为人比毛驴聪明，思考能力强，在前思后想中，更容易犹豫不决，失去机会。大多数女人在做选择时就像这头毛驴一样，舍不得鱼也舍不得熊掌，结果什么都没有得到。其实，在你左右为难时，当机立断，果断做出决定，未必就是错误的，往往一件事只是有它的两面性，而这两面并非全是对与错，也可能同样是成功，只是角度不同、方式不同而已。

对于那些谨慎和追求完美的女人来说，犹豫心理是她们最大的敌人。面对一件事要做出抉择时，前怕狼，后怕虎，是意志薄弱的表现，是犹豫心理的前兆。意志是女人的意识的能动作用的表现。它是女人在认识客观事物时，自觉地确定行动目的并选择适当的手段，通过克服困

难达到自己预定目标的心理过程。意志薄弱，就是欠缺意志的抵抗力，故而又称意志欠缺。它的典型表现就是容易被外来暗示所左右，感情脆弱，胆小怕事，缺乏主见，无法自做决定，即使已经决定，也常常反悔，使得犹豫心理更加严重。

很多女人面对的最简单的犹豫就是，一件事情，你可以做出两种不同的选择来处理，但此时你不知道选哪种好；有时只有一种选择时，你还会犹豫做还是不做，这种犹豫不决的状态，常常会耽误了事情的进展。有些女人无法走出面对选择时的犹豫心理，就养成了做事拖沓的习惯，总是强迫自己、为难自己，在两者之间徘徊，结果就是选择放弃，什么都不去做，最终落得一事无成。

当机立断的女人，遇到事情就会迅速做出决策。而优柔寡断的女人，进行决策时，总是逢人就要商量，即便再三考虑也难以决断，这样终至一无所成。无论是事业还是生活中，女人总会遇到一些关键的时刻，在这个时候重要的不是怎样做出决定，而是必须做出某种决断。如果你养成了决策以后一以贯之、不再更改的习惯，那么在做决策时，就会运用你自己最佳的判断力。但如果你的决策不过是个实验，你还不认为它就是最后的决断，这样就容易使你自己有重复考虑的余地，就不会产生一个成功的决策。

很多女人面对多种选择或一些重要的选择时，会惶恐不安，束手无策。她们不知道也不敢做出任何的选择，只能在那里犹豫不决，看着机会从自己的手中溜走。其实，在社会上打拼了许多年的女人通常有这样的经验：很多时候，你越想思考周全，防止纰漏，结果却事与愿违。要

知道，生活中原本需要非常谨慎的事并不太多，就算是真正的大事，也很难真正找到万全之策，一再犹豫不会使事情自动向好的方向发展。如果敢行事，即使是走错了，或许还能有更多的时间补救。

受到犹豫心理干扰的女人，总是诸事不顺。为消除犹豫心理，心理学家告诫女性朋友，在需要做出选择时，不应将各种可能的结果单纯地视为对的或错的，好的或坏的，甚至不应视为更好或更坏，只是把它们看作不同的出路而已，只要自己勇敢地走下去，每一条路，都是正确的，只是其中的坎坷和风景不同。

天生“购物狂”该懂的心理学知识

中国人说看一个人最好跟他打一次麻将，但外国人不打麻将，怎么看呢？美国有关作家这样说：“最快了解一个女人的方法就是跟她去购物。”很多人默认，这个方法对全世界的女人都可以通用。

女人喜欢购物自古如此，女人买东西很多时候都是凭感觉，她们享受这种消费的过程，这是一种心态，作为女性当然未必非要改掉这个有些浪费的习惯，但是注意克制自己的欲望，少做一些贪小便宜吃大亏的事，还是很有必要的。

很多商家都是聪明的心理学家，他们深深了解女性购物的心理，因

此在价格上稍作手段，女性朋友就一一上钩了。

很多女性朋友都有过这样的经历：我们在橱窗或海报的诱惑下很兴奋地走进店来，却在天文数字般的价签面前惊讶得目瞪口呆，只能望着那吃人的价钱独自咽口水。有些人会在看到这种几近疯狂的价签时仓皇逃遁，不过有更多的人会在心里进行一番挣扎后发生微妙的变化，她们看着这些价格昂贵的物品并不出手购买，但是会在心里默默地对自己说，原来这个品牌这么贵的。也就是说，在这种刺激下我们心中合理价格的上限被提升了。当我们在店里转了一圈，忽然发现一些品牌便宜的手机链、钥匙包或者腰带等小物品的时候，即使它比平常物品贵出很多倍，但我们还是觉得好像捡了便宜似的，会毫不犹豫地买下来，也算以此作为给自己的一份安慰。

其实，这才是商家真正的目的和手段高明之处。零售咨询业权威帕科·昂德希尔指出，这种策略可以追溯到17世纪；虽然橱窗里挂的是500美元的手袋，但我们带回家去的却是一件T恤，正如汽车经销商把跑车展示在橱窗中，然后在大厅里卖轿车一样。

有些家庭女性，经常喜欢逛超市、逛早市，对比一下相互之间的价格，这对于精打细算的女性来说，是一种乐趣，也是开源节流的好方法，可是一定要小心，不要让商家的小策略给忽悠了。

王女士去超市买东西，被吆喝羊肉的声音吸引：

“羊肉特价啦，十二块六，十四块六！”

十二块六的羊肉是不贵，早市上还要十三四块呢！

于是过去看了看。

“哪种十二块六？”

“这种十二块六，这种十四块六。”

“啥区别啊？”

“你看这颜色，浅一点的十二块六，深一点的十四块六！”

“深一点的好？”

“当然啦！这还用说！”

既然不用说，那也不问了，就买深颜色十四块六的好了。于是买了三斤。

回家路上，王女士一琢磨，不对啊！早市上的羊肉，最好的也就十四块，我是冲着超市特价才买的啊，特价的还比早市的贵六毛，那我买它干吗呀！

这种错误在很多人的生活中都经常出现，但是可能因为一两块钱的原因，没有人过多的去在意。然而商家恰恰是利用了顾客的这种心理，首先用一种低价格吸引你，等你要买的时候，再拿出好的东西向你推荐。这一比较，看着价钱又没有差很多，人们肯定会倾向于好的东西，这样你也就忘记了当初的心理价格，而接受了商家给定的价格。

对于商家来说，抓住了女性购物的心理就是抓住了商机和金钱，而对于购物的女性来说只有了解了自己的心理，并且明了商家的手段才不会在名牌和天价物品面前迷失自己。

心理学家分析，购物者的心理一般分为理智型、情感型、冲动型、随意型、专注型几种，而女性购物者以情感型、冲动型和随意型居多，因此这些女性更要注意了解自己内心的真正需求，以免经常购买一些没

有实际用途或者买回家又后悔的东西。

当然，每个女人在看到一件商品的时候都有自己的评价和想法，有些女人比较相信自己的眼光，做事也利落果断，因此也很少出现买完东西后悔的情况；然而有些女人性格犹犹豫豫，买东西要参考很多人的意见，最后选来选去，可能选到的还是自己不满意的物品，与其这样浪费时间和精力，不如自己拿主意，毕竟只有自己才真正了解自己的需求。

可能有人会觉得商家这种小手段纯粹是骗人，很可恶，其实也不是，人家明码标价，并没有强迫你买任何一种东西，问题是他们懂得顾客的心理，而你作为顾客，也恰恰在比较之中，倾向于选择更好的东西，尤其是在两者价格差距不是太大、还引不起你心理警觉的情况下，这个时候的选择，商品本身成为关注的中心，而价格却像背景音乐一般成了配角，很容易被忽视。至于你原来的心理价格，更是被抛到了遗忘的角落，实际上也是你自己选择了进入商家的心理游戏圈。因此女性朋友如果想不吃这种亏，在购物的时候一定要谨记自己的目的，用自己的慧眼来识破这种小小的障眼法。

第九章

心理美容必修课：由内而外的美让你的人生更幸福

聪明的头脑或许可以让你掌握更多的知识和生活技巧，但却不能给你心灵的平静；机灵的心思或许可以帮你赚到很多钱，得到许多男人的疼爱，但却摆脱不了日益繁重的心理压力。追求幸福的女人，有些把金钱作为目标，有些把权力作为目标，她们忘记了，真正的幸福在于自己的内心，只有把心灵的需求和人生的智慧结合起来，幸福才能早早到站。

野心，成就女人的更多可能

“眼睛所看着的地方就是你会到达的地方。”戴高乐说，“唯有伟大的人才能成就伟大的事，他们之所以伟大，是因为决心要做出伟大的事。”教田径赛的老师会告诉你：“跳远的时候，眼睛要看远处，你才会跳得更远。”

有心理学专家研究表明，“野心”是女人成就事业和追求幸福的关键因素。其实，“野心”并不是一个贬义词，它可以理解为雄心、志向等。对于一个女人来说，雄心壮志是脱离平庸的特效药，是所有奇迹的萌发点。世界各地几乎所有的女富豪都承认：没有野心就没有今天的财富。

有句话是这样讲的：如果你把箭对准月亮，那么你可以射中老鹰；但如果你把箭对准老鹰，你就只能射中兔子了。对于平凡的女人来说，生活需要一些渴望，需要不断展现自己。没有渴望就没有全新的体验，犹如一潭死水，激不起半点涟漪。尽管一生富贵未必就是一种幸运，但一生平淡无疑也是一种遗憾。

人的思考是源于某种心理力量的支持，一个连内心都懒洋洋的女人，即使她有什么愿望，这些愿望对她来说也永远只能是漂浮的肥皂泡，甚至连肥皂泡都不算，因为愿望对她并没有什么美好的诱惑力，她

也就丝毫没有力量去思考达到愿望的详细步骤。

要知道，你的野心越大，你的成就就越大。拥有“野心”，你才能够充满激情地工作和生活；拥有 “野心”，会时刻提醒你去奋斗，引导你去奋斗；拥有 “野心”，女人便能脱离平庸的人群，步入精英的行列！

生活中，很多女人在陌生的城市中打拼了几年，或者在学校里郁闷了多年，发现自己没有了激情和目标。每天的生活就是闲聊、发呆、看无聊的电视或沉迷于网络，对自己不懂的东西已经没有任何好奇心了，甚至连10分钟都静不下心来读一本书。那么，是时候找回自己的“野心”了。重新拾起你曾经的梦想和渴望，去努力奋斗吧，不尽力一搏，女人美好的青春会枯萎得更快。

热情的女人更具吸引力

热情是一种能量，一种督促并且帮助我们前进的助力。一个女人若是没有热情，她将一事无成；而当她有无限热情时，任何的困难都会被热情溶化。各种梦想总是在烈火般的热情中得以实现的，各种奇迹也总是经过热情火焰的捶打才被创造的。

心理学家认为，热情的女人之所以被人们喜欢是因为热情的品质包含更多的个人内容，它让人们联想到与之相关的其他优良品质和特性，

这正是“光环效应”的反映。一旦我们被热情所吸引，人们就会认为热情的女人真诚、积极、乐观。热情感染着他人的情绪，带给别人美妙的心境，让他们感到愉快和兴奋。热情能带来幸运，因为人们都喜爱热情的女人，对她们也宽容，容易满足她们的要求。

每个女人的内心都有着热情，但是能好好利用这份热情来执着于目标的却不多。热情是实现目标最有效的方式，只有对自己的愿望有热情的女人，才有可能把目标变为现实。我们的心中不缺乏热情，但是却缺少对热情的引导与保持，缺乏对热情的开发，不少女人在工作开始之初总是信心十足，但这种热情却很难维持，最终很快就放弃了目标。

有一个小裁缝，经过几年的艰苦学习，学徒期满了。这一天，裁缝店来了一个德国人，他要求小裁缝按照他的尺寸做一条西裤。想着自己第二天就要出师门，另谋出路，小裁缝有些迫不及待，根本没把心思花在上面，不像以前那样对待每件衣服都精工细做，一丝不苟。结果，出师前的最后一条西裤被他做得粗糙不堪。

德国人对着师傅无奈地耸耸肩，摇着头走出店门。师傅这才惋惜地告诉徒弟，那位德国人来自欧洲一个很著名的服装企业，他到中国要招聘一批缝纫技术工。这位师傅为了让徒弟有更好的发展，费了好大的劲才把人家请进来的。但是让他失望的是，这位技术过硬、心灵手巧的徒弟却做出如此粗糙的裤子来。

小裁缝没有用对缝纫的热情对待手上的最后一条裤子，也让这个难得的人生机遇从自己的手上溜走了。其实，生活中的我们也会经常犯这样的错误：起初对生活对工作充满热忱，好像有用不完的力气。可是时

间一长便变得漫不经心，觉得厌烦无聊，对事情总是消极应付。在关键时刻，在机会来临时，因为没有尽力去做，结果悔恨不已。

如果我们能以充分的热忱去做最平凡的工作，也能成为最精巧的工人；如果以冷淡的态度去做最高尚的工作，也不过是个平庸的工匠。倘若能处处以主动、努力的精神来工作，那么即使在最平庸的职业中，也能增加他的威望和财富。

热情，是所有伟大成就取得过程中最具有活力的因素，它是一种精神的力量，在那些为个人的感官享受所支配的人身上，你是不会发现这种热忱的。热情，它的本质就是一种积极向上的力量。

很多闯荡职场的女人都有这样的感觉，每天都是一样的时间上下班，上班做同样的事情，面对同样的人，久而久之便会觉得枯燥无味，甚至产生厌烦情绪。于是，对自己的工作没了往日的激情，继而想到辞职、跳槽。如果你发现自己也犯上了这样的“职场厌烦症”，那么你就该调整一下心态了。在这个时候，需要你以一颗平常心去对待自己的工作，把工作作为自己生活中不可缺少的一部分。最重要的就是心态要平衡，能做到这一点，你就会开心，就会觉得每一天的阳光都那样的灿烂，就会安心于你的工作，永葆你的激情。

心中有阳光，生活就不会荒芜

我们经常慨叹某个人创造了奇迹，将不可能变成了可能。女人在向他们投以羡慕的目光时，是否意识到，奇迹的诞生除了能力、意志品质之外，心理力量也起了举足轻重的作用。

人的一生不会永远是晴天，暴风雨随时有可能到来，面对困境，女人要坚定自己向往美好的心，振臂高呼“让暴风雨来得更猛烈些吧！”要相信，暴风骤雨过后，天空会更蓝，彩虹会更美！

希望是一个人活着的动力，有希望人才有活下去的勇气。心理学家说，人体如同一个大的化工厂，你有什么样的心情，身体就进行什么样的化学合成。保持好的心情对身体健康是十分重要的。保持一种好的心情，经常想象生活的美好，想象未来人生的幸福，再大的伤痛都不会把你打倒。

每个女人都渴望自己的生活中能够多一点快乐，少一点痛苦；多一些顺利，少一些挫折，但是人生在世，谁也不能永远顺心如意。面对苦痛和挫折，保持一种恬淡平和的心境，在心里积蓄积极的力量，继续努力，总有一天好运会再次光临。

罗维尔·汤马斯的人生出现了高潮。首先，他主演了一部关于艾伦贝和劳伦斯在第一次世界大战中出征的著名影片。

而最好的是：影片用上了他和几名助手在几处战事前线拍摄的战争的镜头，他们用影片记录了劳伦斯和他那支多姿多彩的阿拉伯军队，也记录了艾伦贝征服圣地的经过。影片中，他那个穿插在电影中的演

讲——“巴勒斯坦的艾伦贝与阿拉伯的劳伦斯”，在伦敦和全世界都造成了轰动。

当一个女人看不到生活里的阳光，会变得苍白无力，但是如果她相信生活的每个角落里将要有阳光洒下，备受苦难折磨时就能变得乐观。但是只有乐观还不够，还要学会坚强，学会如何用乐观去承受痛苦，并打倒痛苦。就像有心理学家所说的：“每个人在遇到困难的时候都需要乐观、勇气和坚强。但是，生活的太阳不止是这三样东西组成的，我们要不断寻找新的阳光，让自己的人生更加完美。”

每个幸福的女人都是在跨过了无数的路障之后，才品尝到幸福的味道的。而这其中的关键，就是她们心中充满了阳光和希望，并勇于尝试。心理学家说，希望是生命的瑰丽朝霞，女人应当在希望中生活，并在希望中奋进，去开拓我们的人生之路。只要内心不放弃、不颓废，外界的一切不如意都终将被你打败，胜利的曙光是属于你的。

扫清情绪垃圾，发现更多美好

古时候一位佛学造诣很深的富家夫人，听说某个寺庙里有位德高望重的老禅师，便去拜访。老禅师的徒弟接待她时，她态度傲慢，心想：我是佛学造诣很深的人，你算老几？后来老禅师十分恭敬地接待了她，

并为她沏茶。可在倒水时，明明杯子已经满了，老禅师还不停地倒。她不解地问："大师，为什么杯子已经满了，还要往里倒？"大师说："是啊，既然已满了，干吗还倒呢？"禅师的意思是，既然你已经很有学问了，干吗还要到我这里求教？她急忙叩谢悔过。据说，这就是"空杯心态"的起源。

保持一种空杯心态对女人长期的发展是非常重要的。空杯的心态就是一切从头再来，就像大海一样把自己放在最低点，来吸纳百川。在此以前，你可能有过很高的地位，也可曾拥有过很多的财富，具有渊博的知识，但是当你决定要向下一个目标进取的时侯，就一定要拥有空杯的心态。不能因为你曾经是千人企业的老板，就难以听从一个普通员工的指导；也不能因为你曾是他的上司或老师，就不去听取一个下属或学生的真诚规劝……女人只有以空杯心态做事，才能快速成长，才能学到这个行业的技巧与方法。

每个女人都掌握一定的学识，有过一些成功的经历，就好比水杯中已经蓄了很多的水。而当你接受新的工作和挑战时，你能否成功，取决于你是否能倒空你杯中的水，潜下心来从头学习、从头做起。联想集团在招收新员工时总是对那些拥有较高学历的新人说："先把杯子里的水倒掉。"只有把过去放下，从头再来，你才会荣辱两忘，放手一搏，发挥高水平。

把昨天的成功与辉煌放下，我们就不会成为那只背着重壳爬行的蜗牛；把过去的一切进步放下，我们才能够像天空中的鸟儿那样轻盈地飞翔。在成长的道路上，当我们用一种"空杯的心态"去面对眼前这个变

化日益加快的世界时，我们就会抱着一种学习的态度去适应新环境，接受新挑战，创造新的成就与辉煌。

没有哪个女人会甘于平庸，每个女人都有追求，有梦想。然而，许多女人都在迷惘，因为她们不知道怎样才能从平凡处到达卓越的彼岸。其实方法很简单，那就是不断地发现自己在思维、态度、方法、习惯以及性格等方面的缺陷，并且及时地改变这些不足，从而乘风破浪，不断地超越自己。在迈向成功的道路上，每当实现了一个近期目标，绝不应自满，而应迎接新的挑战，把原来的成功当成新的成功的起点，树立新的目标，攀登新的高峰，从而达到崭新的人生境界。

对于生活中的女性来说，除了要拖着工作之后疲惫不堪的身体继续照顾丈夫和孩子，为了保住工作还要不断学习、上进，心中的压力可想而知。有时候想找人发泄一下，放眼望去似乎又找不到这样一个人，对丈夫和孩子发火吗？一是舍不得，另外也有损家庭美满和夫妻感情。压抑、再压抑、控制自己，似乎是女性唯一可以做的。这些包袱、这些负面情绪便是女性心中的垃圾。为了房子的干净整洁，女性通常很快就将生活垃圾扔掉，而为了自己内心的舒适轻松，为什么不果断地扔掉这些心中的垃圾呢？希望每个女人都能把最美好的东西留在心底，只把美好的东西留在心底，那些垃圾，都倒掉吧！

懂得拒绝，说“不”是女人的权力

生活中，女性经常遇到这样的事情：不论是生活中的朋友还是工作上的伙伴，经常会有些事情需要自己帮助，然而自己也是忙得焦头烂额、分身乏术，可碍于面子和朋友关系，又不好不帮，所以很多时候就是忙着帮助别人，却都没有时间照顾自己。

“不”字对于多数女性，特别是善良的女性而言都是很难说出口的，因为那代表拒绝，拒绝总是一件令人不愉快的事情。但是，我们必须清楚，如果我们不想让自己的生活变得更糟，很多时候我们必须学会拒绝，就像毕淑敏说的：“拒绝是一种权利，就像生存是一种权利。”

“拒绝”两个字说起来容易，然而真正面对朋友的请求时，却很难让人启齿。直接拒绝别人似乎是件很没有礼貌的事情，这时就需要我们适当地运用一些“小聪明”来为自己解围了。

“拒绝得体”也算是一种表达上的艺术。不温不火的就能让人知难而退，更高明的还会让人欢喜甘愿。有些女性在拒绝对方时，因感到不好意思而不敢据实言明，致使对方摸不清自己的意思，而产生许多不必要的误会。像是当你语意暧昧地回答：“这件事似乎很难做得到吧！”原来是拒绝的意思，然而却可能被认为你同意了，如果你没有做到，反而会被埋怨你没有信守承诺。所以，大胆地说出“不”字，是相当重要却又不太容易的事情。

有人喜欢你直截了当地告诉他拒绝的理由，有人则需要以储蓄委婉的方法拒绝，各有不同。以下是几种如何说“不”的建议。

直接拒绝：直接向对方陈述拒绝对方的客观理由，包括自己的状况不允许、社会条件限制等。通常这些状况是对方也能认同的，因此较能理解你的苦衷，自然会自动放弃说服你，并觉得你拒绝得不无道理。

绕个圈子：不好正面拒绝时，只好采取迂回的战术，转移话题也好，另有理由可以，主要是善于利用语气的转折——温和而坚持——绝不会答应，但也不致撕破脸。例如，先向对方表示同情，或给予赞美，然后再提出理由，加以拒绝。由于先前对方在心理上已因为你的同情使两人的距离拉近，所以对于你的拒绝也较能以“可以体会”的态度接受。

用肢体说话：对有些女人来说，开口拒绝对方不是件容易的事，往往在心中演练N次该怎么说，一旦面对对方又下不了决心，总是无法启齿。这个时候，肢体语言就派上用场了。一般而言，摇头代表否定，别人一看你摇头，就会明白你的意思，之后你就不用再多说了。另外，微笑中断也是一种掩体的暗示，当面带笑容地谈话，突然中断笑容，便暗示着无法认同和拒绝。类似的肢体语言包括采取身体倾斜的姿势、目光游移不定、频频看表、心不在焉……但切忌伤了对方自尊心。

一拖再拖法：如果已经承诺的事，还一拖再拖是不明智的，这里的一拖再拖法指的是暂不给予答复。也就是说，当对方提出要求时你迟迟没有答应，只是一再表示要研究研究或考虑考虑，那么聪明的对方马上就能了解你是不太愿意答应的。其实，女性有能力帮助他人不是一件坏事，当别人拜托你为他分担事情的时候，表示他对你的信任，只是自己由于某些理由无法相助罢了。但无论如何，仍要以谦虚的态度，别急着

拒绝对方，仔细听完对方的要求后，如果真的没法帮忙，也别忘了说声“非常抱歉”。

聪明的女性学会拒绝的艺术，既可减少许多心理上的紧张和压力，又可使自己表现出人格的独特性，也不致使自己在人际交往中陷于被动，生活就会变得轻松、潇洒些。

人际之间，若能凡事多为他人着想，多给别人留一些余地、一些包容、一些方便、少一份拒绝、少一点难堪，必能赢得别人的爱护。反之，一个人如果总是轻易地拒绝一些因缘、机会，久而久之自然就会失去一切。因此，做人不要轻易拒绝别人，而要能随顺因缘，如此必能拥有更多学习、成长的机会。

控制浮躁情绪，理智是成熟的标志

在女人的心灵深处，总有一种力量使她们茫然不安，让她们无法宁静，这种力量叫浮躁。浮躁就是心浮气躁，是成功、幸福和快乐最大的敌人。从某种意义上讲，浮躁不仅是人生最大的敌人，而且还是各种心理疾病的根源，它的表现形式呈现多样性，已渗透到我们的日常生活和工作中。可以这样说，女人的一生是同浮躁斗争的一生。

有许多女人能把情绪收放自如，这个时候，情绪已不仅是一种感

情上的表达，而且成为攻防中使用的武器。生活中，每个女性都难免会碰到这种擦枪走火的状况。但是，聪明女人有将不良的情绪马上收回来的本事。情绪处理得好，可以将阻力化为助力，帮你解危化险、政通人和。情绪若处理得不好，便容易失去控制，产生一些非理性的言行举止，轻则误事受挫，重则违法乱纪。

克制，乃为人的一大智慧，它有助于女性在攀登理想境界的征途中，消除情感世界不可避免的潜在危机。因而，对于一个成功的开拓者来说，它既是实现既定目标的保证，又是取得更大成功的起点。

歌德说："一个人切不可放任自己，他必须克制自己，光有赤裸裸的本能是不行的。"在我们心灵深处，总有一种力量使我们茫然不安，让我们无法宁静，这种力量叫浮躁。它是成功的敌人。怒气似乎是一种能量，如果不加控制，它会泛滥成灾；如果稍加控制，它的破坏性就会大减；如果合理控制，甚至可能有所收获。任何一个成功者都有着非凡的自制力。如果生气是一种习惯，那么不生气也是一种习惯。让不生气成为你的习惯吧！

女人的确需要冷静，冷静使她们理智稳健，冷静使她们宽厚豁达，冷静使她们有条不紊，冷静使她们高瞻远瞩。在一个浮躁、善变、功利的环境中，尤其需要冷静地思考和把持住自己。冷静的习惯有助于女人消除自己的浮躁心，可以让自己真正宁静下来后再投入社交、投入工作、投入事业。

如果你总跟自己的坏情绪较劲，并任由坏情绪控制自己的行动，那么，你的一时冲动可会给你带来终生的悔恨。要做一个理智的聪明人，

就要学会控制自己的坏情绪。不理睬他人对自己的无礼攻击，便是给他最严厉的迎头痛击！成功者每战必胜的原因，就是当对手急不可耐时，他们依然故我，显得相当冷静与沉着。

情绪时时刻刻都伴随着女人，我们虽然无法做到心如止水，没有丝毫情绪的波澜，但我们却应学会理性地控制自己的情绪，要时常在心里提醒自己不要被琐事所烦，控制好自己的情绪。人生短暂，聪明的人都不会浪费时间，去为一些无关紧要的小事而烦恼。当我们过于注意微不足道的一点点小事时，愤怒的情绪犹如人体中的一枚定时炸弹，随时都可能造成无法弥补的后果。在关键时刻不能让怒火左右自己的情绪，不然你会为此付出惨痛的代价。

一个女人总会遇到各种各样的变化，如何在变化的过程中，理智地处理各种事情，做到不感情用事是至关重要的，追求幸福的女人应当提高自己控制情绪的能力。能驾驭自己的情绪，才能真正驾驭自己。这样，对身体健康和事业发展都有着莫大的帮助。

女人做事情很多时候都是半途而废，在开始的时候是一腔热血，然后是热情消退，最后完全放弃。是什么原因让我们放弃呢？是浮躁的心理，是急于求成、不愿面对困难的浮躁心理。我们总是在想着事情的最后成果，急于看到我们所做的工作的成果，而这些却不是一天两天能看得出来的，所以我们就觉得这些工作是没有意义的，于是选择了放弃。

如果我们能够坚持，真正的静下心来，认真地去学习、工作，我们做的会比现在好很多。只有拭去心灵深处的浮躁，才能找到幸福和快乐。

迎难而上，勇敢的女人会得到生活的馈赠

泰戈尔说："人活着就要像一支和顽强的崖口进行搏斗的狂奔的激流，你应该不顾一切纵身跳进那陌生的、不可知的命运，然后，以大无畏的英勇把它完全征服，不管有多少困难向你挑衅。敢于冒险的人，终将在冒险的过程中看到属于他自己的绮丽的风景。"

生活中，风险几乎无处不在、无时不有。乐于迎战风险的人，才有战胜风险、夺取成功的希望。逃离困难，躲避风险，就会把一个人的活力与成长力剥夺殆尽。没有与困难斗争的经历就不是真正的人生。失败的女人总想找捷径，但幸福的女人以达到目标为信念，在挫折前面，她们会卷起袖子来努力迎接挑战。

英国剧作家萧伯纳有句名言："对于害怕危险的人，这个世界总是危险的。"也许前方的路看似艰险无比，但知道你勇敢地迈步向前，去感受这一路上的风景，总比在此原地踏步要好得多。也只有充满胆略的冒险，才能为女人带来通常难以企及的事业上的成就。

就像英国小说家萨克雷所说："只要你勇敢，世界就会让步。如果有时它战胜你，你就要不断地勇敢再勇敢，世界总会向你屈服。"一旦下了决心，不留后路，竭尽全力，向前进取，那么即使遇千万困难，也

不会退缩。如果抱着不达目的决不罢休的决心，就会不怕牺牲，排除万难，去争取胜利，把那犹豫、胆怯等妖魔全部赶走。在坚定的决心下，成功之敌必无处藏身。

人生需要舞台，每一个渴望获得幸福的女人，都要努力在属于自己的舞台上展现自己的风采。女人的心理总是向往安全、安逸，不自觉地逃避危险的处境。但是，成功而精彩的人生往往伴随着很多危险与困难，对于那些害怕危险的女人，危险无处不在。胆商高的女人能够把握机会，该出手时就出手。没有敢于承担风险的胆略，任何时候都成不了气候。而大凡成就人生梦想的女人，都是具有胆略和魄力的。而在冒险的过程中，她们也会体味到不一样的刺激和快乐。

心理课堂

现实生活中需要女人面对的或许不是大风大浪、不是威胁生命、关系命运的大事情，然而在处理一些小事时，我们也需要摆脱怯懦的心理，做一个敢于正视困难、解决困难的女人。

有些女人喜欢把重要问题搁在一边，留待以后解决，这其实是个恶习。如果你有这样的倾向，你应该尽快将其抛弃，你要训练自己学会敏捷果断地做出决定。你固然应该把这问题的各方面都顾及到，加以慎重地权衡考虑，但千万不要陷于优柔寡断，害怕不能解决问题，勇往直前才能找到出路！

参考文献

[1]林蕙瑛.幸福女人枕边书[M].合肥：安徽人民出版社，2013.

[2]何国松.女人智慧枕边书[M].长春：吉林大学出版社，2010.

[3]杨涓子.哈佛女孩心理成长枕边书[M].北京：中央编译出版社，2015.

[4]韦甜甜.女人，你要高贵到老：值得天下女子收藏一生的枕边书[M].北京：台海出版社，2017.